中国农史青年学者书系

气候冲击、人口压力与中国清代农民起义

（1644—1911年）

黄冠佳　著

中国农业出版社
农村设物出版社
北　京

前言

清代中国的自然灾害和饥荒比较频繁，这造成了农民起义较前朝更为频繁，而且爆发了历史上规模最大、影响深远的太平天国运动。本书尽可能全面地探讨每一个可能导致农民起义的因素，这些因素包括气温异常、自然灾害、人口数量或增殖率、米价、饥荒、宗教、民族，分析赈灾以及玉米、甘薯这两种由国外引进的作物对农民起义的作用。由于数据问题，本书无法探讨吏治腐败这一因素。本书通过统计分析和计量模型，对气候冲击说和人口压力说现有的一些理论分析重新考察，找出有待进一步商榷之处。本书的研究结论也能给当代赈灾和国家治理方面提供一些启示，具有一定的理论意义和现实意义。

气候变冷被认为是改朝换代的重要因素之一。本书以气候冲击为切入点，逐步深挖影响农民起义的因素，在此基础上，重点从自然灾害、国家赈灾、人口压力三个角度对农民起义的发生机理展开理论和实证分析。研究主体分为四部分，首先，建立人口数量、粮食供给对饥荒及农民起义影响的理论模型，并讨论人口与粮食在发生自然灾害和赈灾情况下的动态均衡。然后，对农民起义的数据集进行统计性描述，得到农民起义的时间分布、空间分布、宗教概况、少数民族参与、起义持续时间、起义结局等信息。同时，分别对自然灾害、赈灾与人口等数据集进行趋势分析，并与农民战争的趋势作比对，直观上分析自然灾害、赈灾、人口和农民战争的关系。接着，构造出由气温异常或人口增殖率为开端、农民起义为终端的传递路径，定量检验传导路径并计算出每一层级各种情况的比例。最后，考察新世界作物玉米和甘薯对清代农民战争的影响，如果像玉米、番薯这类所谓的“穷人的食物”短缺，即使稻米、小麦等主食作物产量充足，也可能加剧农民起义。本书得到以下主要结论：

（1）清代发生农民战争最多的省份是湖北（共20次），发生农民战争最多的区域是华东地区（共56次）；发生农民战争最多的年份是1853年，共计13次；拜上帝教是对农民战争影响力最大的宗教，与该教有关的农民战争共有61次；由少数民族发动的战争中，回族发动的农民战争次数是最多的，共有12次；农民战争的持续时间为三个月到一年的频数最多，共有45次；在清代196次农民战争中，农民军取得了43次胜利，其中36次是利用了宗教发动战争。

（2）自然灾害有两个波峰期（1736—1765年、1832—1849年），与农民战争的三个波峰（1644—1664年、1795—1802年、1851—1867年）均不重合；人口增殖率有三个负增长期（1676—1681年、1795—1797年、1853—1870年），其中后两个负增长期与农民战争的后两个波峰重合；气温的冷期共有八个，只有清初的冷期与农民战争的第一个波峰重合；米价指数有三个波峰（1644—1655年、1867—1871年、1886—1911年），其中前两个波峰与农民战争的第一、第三个波峰基本重合；灾害赈灾有四个波峰（1736—1765年、1770—1795年、1822—1849年、1876—1911年），饥荒赈灾也有四个波峰（1646—1660年、1740—1758年、1822—1851年、1874—1911年），农民战争的三个波峰都不在这两类赈灾的波峰范围里。

（3）导致农民起义的直接因素是饥荒，而且这个结论是稳健的，气温异常、自然灾害、人口数量或增殖率、米价、宗教、民族因素只能起到间接的作用，赈灾能显著地减少农民起义的数量。清代国力最强的时期是乾隆朝，这段时期赈灾力度是最大的，而且很少发生农民起义。从气温异常到农民起义的路径是气温异常→灾害频发→米价上涨→饥荒频发→发生起义。传导路径从开端到最终响应，每一层的传导比例都在衰减，这说明越到后面的系统越是能控制的，也就是说，对社会系统的控制要比对经济系统的控制更容易，而对经济系统的控制又要比对自然系统的控制容易。

（4）通过实证检验，发现现有理论存在值得进一步商榷的地方。自然灾害的作用并没有现有理论分析的那么关键，滞后效应也不稳健；人口数量较多和人口增殖率较高在多数情况下，也并不是农民起义的根源，只有在构成人口压力时，才变成社会不稳定的因素；米价过高也被认为是农民起义的诱因之一，但实际上玉米和甘薯的产量才是影响农民起义的重要因素。玉米和甘薯对农民起义的作用相似，即在清代前、中期都能抑制农民起义，但到了咸丰朝反而加剧了农民起义。清代的农业技术和制度对农民战争的影响没有那么直接和明显，需要较长时间才能体现出来。

本书的研究方向为清代经济史，可作为战争与冲突方面文献的有效补充。本书可作为设有经济史专业的高校本科生和研究生的阅读材料，也可作为从事经济史研究的科研工作者的参考文献。书中使用的数据和引用的文献资料，都有标注或在书后的参考文献中列出，在此，对数据的提供者和文献的作者表示感谢。由于作者的水平有限，而且没有深入对比同一事件不同数据来源的差异，书中讹误之处恐难避免，敬请读者指正。

作　者

2022年5月

目录

1 绪论

本章在介绍中国历代农民起义概况的基础上，由现象找出相关的理论支持，并提炼出本书要研究的问题及要验证的假说，列出本书的研究思路和方法，说明本书研究的理论意义、现实意义和创新点。

1.1 中国历代农民起义概况

中国自秦末陈胜吴广起义以来，农民起义登上了历史的舞台，之后两千多年间，农民起义此起彼伏。面对天灾人祸以及封建王朝的残暴统治，农民起义成为农民维护自身生存的手段。根据《中国历代战争年表》的记录，在前 221 年到 1911 年的 2 132 年中，共有 677 次农民战争，平均每 3.15 年就发生一次农民战争。由图 1-1 可看出，农民战争的高发期为新莽末年（15—21 年）、隋末（611—618 年）、两宋之交（1115—1132 年）、南宋末年（1276—1278 年）、元末（1351—1359 年）、明末清初（1622—1664 年）、晚清（1842—1875 年）。不难发现，农民战争的高发期一般在中原统一王朝（南宋时期除外）的末期。

王莽篡汉时期的 7 年间，发生了 10 次农民战争，平均每

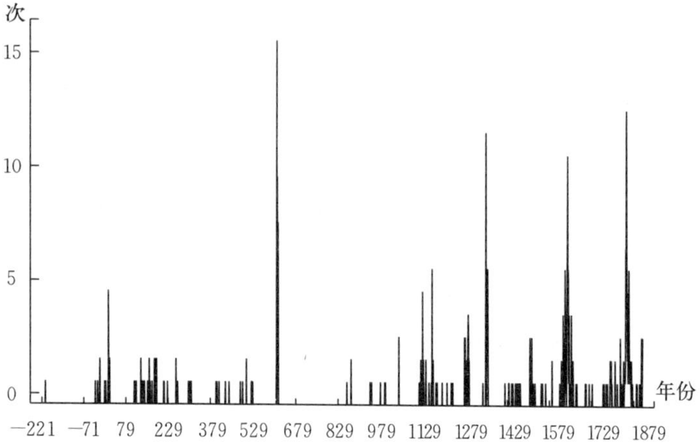

图 1－1　前 221—1911 年中国历代农民起义数量

资料来源：根据《中国历代战争年表》（上、下）绘制。

0.7 年就发生一次。隋末隋炀帝和隋恭帝在位的 8 年间，竟发生了 52 次农民战争，平均每 0.15 年就发生一次，可谓是揭竿起义此起彼伏。北宋末年的宋徽宗、宋钦宗在位期间及南宋初年的 18 年间，发生了 15 次农民战争，平均每 1.2 年就发生一次，是农民战争高发期的记载中唯一一段平均超过一年才发生一次起义的历史。南宋末年宋端宗在位的 3 年间，发生了 7 次农民战争，平均每 0.43 年就发生一次，而此时南宋皇帝已逃亡广东沿海，农民战争可能是针对元朝的。元末元惠宗在位的 9 年间，发生了 48 次农民战争，平均每 0.19 年就发生一次，也是一段民不聊生的历史。明末清初的 43 年间，发生了 83 次农民战争，平均每 0.52 年就发生一次。晚清的 34 年间，发生了 96 次农民战争，平均每 0.35 年就发生一次，反映出此时的清王朝已经内忧外患，太平天国运动和西方列强的侵略给清朝的统治带来了极大的威胁。可以看出，上述这些农民战争高发期发生一次战争的时间，远远低于秦代到清代的平均值 3.15 年。如果按农民战争发生次数从高到低排列，一年中超过 10 次的记录共有 6 次，分别是隋炀帝在位的 612 年（16 次），清咸丰帝在位的 1853 年（13 次），元惠宗在位的 1352 年（12 次），明崇祯帝在位的 1644 年（11 次），隋炀帝在位的 614 年（10 次）以及清咸丰帝在位的 1854 年（10 次）。

清代是中国历史上最后一个帝制朝代，也是较为特殊的朝代，一方面是为数不多由少数民族掌握全国政权的朝代，另一方面晚清受到西方列强的侵略，是唯一一个沦为半殖民地的朝代。此外，清代还有一些值得注意的与前朝不同的特征。首先，清代的人口增长速度较前朝明显加快，人口数量进入第四阶梯（赵文林、谢淑君，1988）；其次，清代的气温相比前朝也较为寒冷（方修琦等，2015）。晚清的农民战争发生较为频繁，可能也与这两个特殊的特征有关。由图 1－1 的统计，晚清农民战争频率仅次于隋末，咸丰帝在位期间连续两年农民战争次数超过 10 次，而且清代发生了白莲教起义和太平天国运动这两次影响很大的农民起义。

白莲教起义持续了九年，是清王朝由盛转衰的标志。白莲教的历史可追溯到唐朝，属于当时的秘密宗教结社，早期教义受到净土宗和天台宗的影响，因为教义相对浅显易懂，很容易在社会底层民众间传播。在乾隆朝后期，吏治相对腐败，社会各种矛盾激化，加之气温开始变冷导致灾害多发，爆发了清代中期规模最大的一次起义。

太平天国运动爆发于白莲教起义之后约50年，是中国历史上第一次利用西方宗教组织和发动的起义，也是中国历史上规模最大的农民起义。鸦片战争后，高额赔款使得清政府国库亏空，横征暴敛，提高赋税。此外，道光年间民族矛盾已经很突出，广西本地人与客家人的冲突持续不断，而清政府更偏袒本地人一方，一旦遇到天灾人祸，客家人的生存环境更加恶化。以上这些原因交织在一起，导致了太平天国运动在广西的爆发。太平天国运动加速了清王朝的灭亡，这次起义比白莲教起义带来了更严重的后果，导致了全国近六分之一的人口死亡。

由以上的历史背景，不由得要问，为什么清代的农民战争如此频繁？哪些因素能加剧农民战争，哪些因素能减缓战争？由气温异常到农民起义，中间还会经历哪些阶段？这些问题还没有一个很清晰完整的答案，值得深入研究。

1.2 问题的提出

农民起义贯穿整个帝制时期，是中国历代社会冲突的主要形式，这些战乱影响着中国历史的进程。有些朝代直接被农民起义军推翻，如明朝被闯王李自成直接推翻，更多的朝代是在农民起义的冲击下，埋下了覆灭的种子。在清代发生的农民起义共有196次，影响最大的是太平天国运动和白莲教起义（中国军事编写组，2006）。农民起义是面对风险时的一种反应，这风险包括自然界带来的，例如天灾及其导致的歉收，也包括人为因素带来的，例如官绅的巧取豪夺。清政府为了缓解农民起义带来的负面影响，主要采取了三方面的措施。首先，统治者通过儒教进行思想控制，并利用科举制，通过为动乱发生较多地区配备更多的生员名额进行安抚（Chen 等，2016）。其次，大力推广耐旱作物甘薯、玉米等作物（即所谓"穷人的食物"），能很大程度缓解灾荒带来的风险。最后，通过一些社会制度的创新来降低起义的发生率，例如常平仓制度，在每个城市都设置一些常平仓来储存粮食，每当遇到饥荒年就开仓赈灾，尽可能避免因饥荒而导致的灾民起义（萧公权，2014）。

清代的农民起义发生得如此频繁，那么，是什么因素导致其发生呢？很可能是生存所迫。根据传教士的记录①（萧公权，2014），中国农民是温顺而且胆小的，一般情况下大多不会铤而走险，只有生存受到严重挑战时，才不得不揭竿而起。清代中国属于农业社会，农业是一个"看天吃饭"的行业，当时的农民即使在丰收年，扣除赋税之后仅能糊口（萧公权，2014）。如果遇到灾荒年，则发生普遍的饥荒，甚至发生人吃人的惨剧。因而，气候冲击是农民起义的重要诱因之一。其次，晚清（1840 年之后）发生的农民起义数量也要比清前期多，可能还与国力下降有关，西方列强的入侵导致清政府在赈灾方面无暇兼顾，从而导致

① 对于一个来自西方、熟悉"给我面包，否则就流血！"的革命呼声的外国人来说，难以理解的是，一群群无家可归、饥饿难忍、处于绝望境地，在遭受洪灾或饥荒沉重打击的省份到处流浪的逃难者，为什么不在自己遭受毁灭的地方，聚集群众向州县官索取一些救济呢？……我们重复逼问处于大饥荒的中国人为什么不采行这样的计划，回答永远都是："不敢！"

了更多的农民战争。再次，马尔萨斯强调的人口压力也可能会导致农民起义，但是人口的作用并不明朗，其间很可能不是人口数量和人口增殖率在起作用，而人口中蕴含的民族、宗教信仰等因素却有可能影响农民起义。

以上这三种导致农民起义的因素可归结为三种学说，分别是气候冲击说、王朝周期说和人口压力说。首先，气候冲击说的核心观点是自然灾害会减少粮食的供给，从而导致饥荒和民不聊生，走投无路的饥民为了生存发动起义。目前已有众多研究成果支持这一学说，这也是第一个用来解释农民起义发生的学说。然后，王朝周期说的核心观点认为，每个王朝都会经历兴起、鼎盛、衰退、覆灭的过程，王朝前期的国家能力较弱，然后国家能力逐渐增强，达到鼎盛之后，王朝后期国家能力又逐渐弱化。最后，人口压力说的核心观点是，不断增长的人口如果超过了最大的环境容量，容易导致饥荒和战争，直至人口数量低于最大环境容量。

农民起义在一定程度上可以看作是对粮食和资源的争夺，气候冲击说、王朝周期说和人口压力说则是从粮食和资源的供给、调控和需求的角度论述了农民起义的发生原因。根据以上三个学说可以提出本书要验证的假说，如下：

根据气候冲击说，自然灾害的直接后果是粮食的供给减少，因此自然灾害并不能直接导致农民起义，而是影响米价和导致饥荒，饥荒才是导致农民起义的直接原因。本书需要验证的假说一：自然灾害和米价指数可能对农民起义的作用并不明显，饥荒对农民起义可能存在直接的作用。

根据王朝周期说，清王朝入关初期和晚清时期国家能力相对较弱，相对乾隆朝鼎盛时期，农民起义会发生得更多，其中一个原因是这两个时期国家赈济灾害和饥荒的能力有所下降。本书需要验证的假说二：王朝存在时间与农民战争次数未必呈线性关系，而有可能是非线性关系。

根据人口压力说，人口数量越多就越容易导致农民起义，但是，也有一些研究表明，人口数量多说明社会繁荣昌盛。本书需要验证的假说三：无论是人口数量还是人口增殖率，均与农民起义没有直接的关系，人口中的民族、宗教信仰等因素则有可能会影响农民起义及其结果。

在以上三个需要验证的假说之外，还有一些值得关注的问题。首先，需要了解农民起义的发生地点、发生时间、持续时间、起义目的、结果等基本情况；然后，从气温异常到发生农民战争，中间还要经历哪些阶段，本书需要刻画出一条完整的传导链；接着，在赈灾方面，不能忽视玉米和甘薯的作用，要深入研究玉米和甘薯对农民战争的影响，以及这两种作物在清代的哪些时期对赈灾起正向作用，哪些时期起反向作用；最后，需要初步探讨民族和宗教是如何影响农民战争或者农民战争的结果的。

本书选择清代作为研究时段，除因数据更容易获得，还有三个更为重要的原因。第一，清代与当代在领土版图、民族构成、行政区域的划分等方面都较为相似，清代所得到的结论在一定程度上能对当代提供参考借鉴；第二，玉米和甘薯大致在明末清初引进中国，在清代中期推广，因而清代是研究这两种作物对农民起义影响的最优时间段；第三，清代除了末位皇帝宣统帝，其余每位君主在位的时间都比较长，执政期内较少发生政变，便于探讨君主个人效应的作用。样本的时间段选择1644—1911年的原因有两方面，一方面，1644年是清军入关的年份，由此清王朝开始了全国范围的统治，农民起义是针对清王朝的；另一方面，1911年是清王朝统治的最后一年，而最后一次农民起义发生在1904年。

1.3 研究的意义

历史上中国是个自然灾害频发的国家，每次在重大灾害之后，总伴随着一些动荡不安。但是，传统的理论研究过分强调自然灾害和人口压力对于社会不稳定的作用，本书通过大数据分析，发现传统理论有一些值得商榷的地方。当代中国在版图上继承了清代，旱涝灾害也较为频繁，而且面临着更为严峻的人口问题，本书的研究结论可以为当代中国的国家治理提供重要历史借鉴。

1.3.1 理论意义

历史学家使用的方法多为个案分析，气候冲击成为改朝换代、农民起义的重要诱因。但使用计量的方法研究历史事件，将所有有记载的农民战争与自然灾害数据放在一起分析发现，只有当灾害导致饥荒出现，才有可能发生农民起义，而且发生概率是逐层递减的。可见，已有的理论研究将自然灾害的作用放大了。

此外，人口压力特别是人地矛盾的影响也被放大了。虽然清代的人口总体上是上升的，人均耕地面积也比前朝有所降低，但依然没有直接证据证明人口数量给清政府的统治带来危机，而且人口增殖率高在某些时期可以看作是经济繁荣的标志之一。研究发现，人口数量和人口增殖率对农民战争的作用都不稳健，但人口中的民族和宗教信仰却对起义有影响，说明比人口数量和人口增殖率更重要的因素是民族和宗教。

也有研究表明米价是影响农民起义的因素，但实证分析发现，米价指数的系数也是不显著的。米价过高可能会增加中产阶级“士农工商”造反的可能性[①]，但对于最底层的流民而言，即使在丰收年，他们也只能以杂粮为主食，米价高低并不会直接影响他们起义的想法，而他们赖以生存的玉米和甘薯的产量，则是影响起义的一个非常关键的因素。

1.3.2 现实意义

当代中国的自然灾害也比较频繁，而且不同民族之间也时有冲突发生。本书的研究时段虽然是清代，但研究结论能给当代带来一些启发。本书构建出的农民起义完整的传导链是“气温异常→灾害频发→米价上涨→出现饥荒→农民起义”，可以看到，每传递一层，都伴随着起义发生概率的衰减，但却越来越容易被人为控制。在灾害出现后，当代政府只要稳定物价、大力赈灾和安抚灾民，就不太可能发生大的动乱。而且，以当代的技术，甚

---

① 遗憾的是，大多数农民起义的首领，历史上对其记载只有寥寥数笔，无法准确判定他们的职业并对此作出定量的检验。

至可以减少灾害的发生，例如人工降雨技术可以减少旱灾，通过植树造林可以减少沙尘暴以及水土流失，通过生物技术可以减少蝗灾和虫灾。

本书研究发现，民族构成也是导致起义的一个因素，在清代满族比例越高的地区农民战争数量就越少。当代的冲突不少是因为地域与宗族观念导致，因此弱化地域意识，加快民族融合，也是减少冲突的一个方法。

1.4 研究思路、方法及结构安排

1.4.1 研究思路和方法

本书重点从自然灾害、国家赈灾、人口压力三个角度对农民起义的发生机理展开理论和实证分析。研究思路如下：第一，对气候冲击和人口压力共同作用下农民起义的发生机理进行理论分析，认为气候灾害可能不会直接导致农民起义，而是通过饥荒增加了农民起义爆发的可能性。因此，如果有相应的赈灾，则可能会降低起义爆发的概率。第二，对农民起义的数据集进行简单的统计性描述，得到农民起义的时间分布、空间分布、宗教概况、少数民族参与、起义持续时间、起义结局等信息。第三，分别对自然灾害、赈灾与人口的数据集进行趋势分析，并与农民战争的发生趋势作比对，直观上分析自然灾害、赈灾、人口和农民战争的关系。第四，构造出由气温异常开始、农民起义为终端的传导路径，定量检验传导路径并计算出每一层级各种情况的比例。第五，考察由国外引进的作物玉米和甘薯在清代对农民战争的影响，如果像玉米、番薯这类所谓的“穷人的食物”短缺，即使稻米、小麦等主食产量充足，也可能导致农民起义，数理上的表现为稻米的代理变量不显著。第六，通过计量模型检验由气候冲击说、王朝周期说、人口压力说这三个理论推导出的三个假说，赈灾和人口变量对于农民起义而言是内生的，于是需要解决内生性问题。

本书使用到的主要方法包括理论分析法、统计分析法、实证分析法、归纳演绎法、文献分析法等。理论分析法主要用于研究灾害、赈灾与人口对农民起义的机理，以及刻画由气温异常到农民战争的传导链，这一部分是全书的骨干，分布于不同章节。统计分析法主要对每个数据集进行描述性统计，了解变量的分布规律以及变量间的相关关系。实证分析法是本书的一个亮点，有别于传统的历史分析，实证是从大数据的角度来研究灾害、赈灾与人口的作用，构造“君主—王朝存在时间”的面板数据，使用负二项回归和最小二乘回归对提出的三个假说进行验证。归纳演绎法是通过现象提炼出问题或假说，然后进行推理和验证，多用于绪论中问题的提出，以及从结论中推导出启示。文献分析法是通过阅读大量文献资料，从中分析前人研究的贡献和不足，从而提出本书研究的突破点。

1.4.2　全书结构与内容安排

本书共七章。第一章为绪论，包括中国历代农民起义概况，本书研究的主要内容和研究意义，研究的思路和方法，全书结构安排以及创新之处。

第二章为文献综述与概念解释，首先回顾气候冲击说、人口压力说的研究历程，并列举能够减少农民起义发生的因素，其次，在评述现阶段相关研究前沿的基础上，分别论述王朝周期说、宗教对农民起义的影响，最后给出本书常用概念的定义。

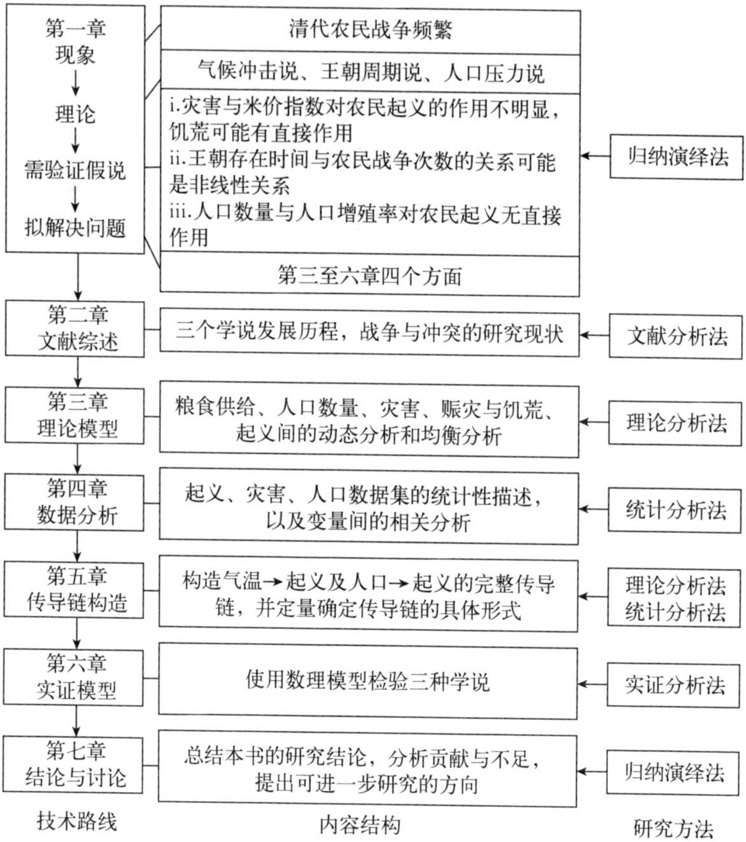

图 1－2　技术路线与内容结构

第三章为本书的理论模型。农民起义所处的社会系统并不是一个孤立的系统，它与经济系统、自然系统都有着密切的关联。

饥荒是直接导致起义的一个因素，而饥荒又与人口数量、粮食供给和国家赈灾有关。人口数量从需求的角度影响饥荒，粮食产量和库存从供给的角度影响饥荒，赈灾则是从调控的角度缓解饥荒。利用这些关系，可建立一个理论模型。

第四章为灾害、人口、农民起义的数据集情况。首先给出数据来源，包括数据选取情况和数据特点，然后给出清代农民战争的地点分布、发生时间、持续时间、宗教情况、少数民族参与、战争结果六方面的信息，最后分析农民战争与气候冲击、人口、经济冲击的关联。

第五章为灾害和人口的传导路径确定。首先分析自然系统、经济系统和社会系统各变量间的相关性，然后初步确定传导路径，接着从要素、技术和制度的观点阐述其间的联系，最后定量分析传导路径的具体形式。

第六章为计量分析。主要有两个任务，一是通过统计学方法验证王朝周期说和宗教对农民战争的影响，二是使用计量模型，检验由三种学说推导的假说，即将气候冲击、人口压力、国家能力的代理变量对农民战争进行回归，定量分析其中的因果关系。

第七章为结论和进一步讨论。在总结本书的研究结论和所得到的启示基础上，指出本书的贡献与不足以及未来可进一步研究的方向。

1.5 研究创新

理论上的创新。传统观点认为，稻米和小麦价格较低而且稳定时，社会就相对安定，但是很多时候，新世界的作物玉米和甘薯对社会稳定起着关键作用。而且，农民起义并不完全是应对天灾所作出的反应，比如清初的一些起义往往带有“反清复明”的思想。

方法上的创新。目前验证人口压力说的文献已非常丰富，但是主要的方法都是将人口变量放进回归方程中进行回归，而很少有将人口的民族、宗教等信息进行进一步的分析，而民族、宗教有可能是导致农民战争的因素。此外，在帝制时期不应忽略皇帝个人效应对农民起义所起的作用，本书构建的“皇帝—王朝存在时间”面板模型较好地考虑到皇帝个人效应，属于首创。

视角上的创新。量化历史的研究大多只关注历史事件，而没有太多的现实意义。本书将清代和当代联系起来，虽然帝制中国已不复存在，而且在可以预见的时期农民起义也较难出现，但本书研究赈灾所得到的结论，给当代国家治理和应急冲突处理方面带来一些有益的启示。

2 文献评述与中心词辨析

本章分为三部分，首先评述两个早期研究农民起义的理论学说——气候冲击说和人口压力说，然后评述王朝周期说相关研究成果以及宗教在农民起义中的作用，最后对本书所使用的一些术语进行辨析与界定。

2.1 气候冲击说与人口压力说

农民起义，表面看，是一种军事冲突，但本质上是由经济和文化因素所导致的。目前学界对农民起义的诱因主要有两类较为成熟的观点——气候冲击说和人口压力说。

2.1.1 气候冲击说

气候冲击说的核心观点是当气候变得恶劣，农业生产就会受到影响，从而导致社会的动荡不安，一旦发生灾荒，将导致严重的生存危机，甚至有可能发生冲突与战争。

最早研究气候冲击问题的是关注于气候变迁对人类活动影响的地理学家们。其中最著名的学者是伊斯沃思·亨廷顿（Ellsworth Huntington），其系列成果是关于气候变迁对人类活动及文明的影响，同时也提及农业生产与人口压力（Huntington，1912a，1912b，1913，1917，1926）。当代研究气候冲击问题的是章典（David Dian Zhang）及其合作者，他们对这一问题作了大量研究，但不同于亨廷顿，他们不仅将统计和计量的方法引入研究之中，而且从地理学和气象学的角度研究了气候冲击和中国古代战争频率的关系，以及人口迁移问题（Zhang et al，2005，2007；Lee et al，2016）。方修琦等（2015）定量分析了气候传导机制，认为气温冷暖和是否歉收不会直接导致农民起义，饥荒才是农民起义的诱因。王铮等（1996）则从社会发展的角度研究气候变迁的作用，而且给出了南北朝和五代时期政权分裂原因的理论框架。

紧接着是历史学家关注该领域，他们关注的是影响民族兴衰的因素，而气候变迁是难以忽视的因素之一。阿诺德·约瑟夫·汤因比（Arnold Joseph Toynbee）是第一位将气候冲击引入民族兴衰分析的历史学者，他在分析中国问题时，考虑了黄河水患对华夏文明兴衰的作用（汤因比，1966）。不久，中国历史学学者也对气候变迁进行研究，倪根金（1988）主要研究了气候变迁对北方农业经济的影响，认为气候冲击致使古代北方农业经济逐渐没落。萧凌波（2021）将研究地域缩窄至华北平原，较为系统地探讨了气候灾害与社会系统的关系。作为代表的是夏明方（2020），他结合中国历史上的重大事件，分析了灾害与赈灾对人类历史进程的影响。

最后气候冲击研究进入了经济学家的分析范式，这一阶段对气候冲击的研究方法大为增加，研究进程分为前期和后期两个部分。前期的研究大多数使用统计分析的方法，使用文字阐述或相关分析法研究气候冲击和社会动荡的关系；后期的研究则在方法上有很大的提升。本阶段的研究注重使用计量方法和面板数据，从而不仅探讨了变量间的相关关系，而且研究了变量的因果关系。前期的研究成果，以 Fan（2010）、赵红军和尹伯成（2011）的较为经典，其共同点是研究了气候变冷带来的影响，前者分析了气候冲击导致唐朝和明朝的覆灭，后者则探讨了 11 世纪以后气候冲击对中国农业社会的影响。除了经济学家，相关分析法也成为地理学家研究气候问题的重要方法之一，Zhang 及其合作者用了大量的相关分析研究了气候变迁对中国古代战争与冲突的关系（Zhang et al，2005，2007）。使用计量的回归方法研究气候冲击问题，则注重因果识别和解决内生性问题。对于气候冲击与战争冲突的关系，Burke，Hsiang 和 Miguel（2014）综述了目前关于气候冲击说的主要研究成果，包括样本时间段、样本区域、单位时间、单元空间、被解释变量、气候变量和基本结论。中国经济学学者开始对气候冲击的研究，大多数是基于 Miguel 的研究，他们将降水量纳入经济增长和内战的分析框架（Miguel et al，2004）。

现阶段对我国农业历史进行计量分析主要围绕北方农民起义、游牧民族的征服、农业社会的稳定等问题展开（陈强，2014，2015；赵红军，2012；Jia，2014；Bai，Kung，2011；Kung，Ma，2014）。这些研究有一个共同点，就是都把气候冲击作为影响古代社会稳定的一个因素，尽管所取的自变量各有差异，但得到的结论都是一致的，即恶劣天气会导致社会的不稳定，其机理是气候恶化使得收成不好，导致粮价上升，人民的生活质量严重下降，从而发生冲突。目前，自然灾害对农民起义的影响已有较为成熟的研究。其中的共同点是，对农民起义无论是区域范围的研究（北方），还是全国范围的研究，旱灾对农民起义都有显著的促进作用（杜映昕，钟笑寒，2013；陈强，2015；Jia，2014）。关于霜冻对农民起义的影响，学者们得到了不同的结论，杜映昕和钟笑寒（2013）认为霜冻能促进起义的发生，但陈强（2015）发现霜冻对农民起义的影响不稳健。至于温度异常变化、雪灾和水灾等自然灾害对战争与冲突的影响，相关研究结论也有所分歧（陈强，2014，2015；赵红军，2012；Jia，2014；Kung，Ma，2014）。表2-1呈现了中国战争与冲突和气候冲击的关系相关研究成果，包括研究者、样本时间段、样本区域、单位时间、单元空间、被解释变量、气候变量和显著变量8个方面。

由表2-1可以看出，各种气候灾害对战争与冲突的作用不完全相同，这主要有四方面原因：其一，选取的研究区域不同。自然灾害有地域性，选取山东或者全国作为研究区域，自然灾害对起义的影响会有所不同。其二，选取朝代不同。自然灾害有时限性，灾害多发的朝代与灾害少发的朝代，其起义的形成机理也是各不相同。其三，选取的研究样本不同。当区域和朝代都相同，但选取农民起义的样本不同，也会得到不同的结论，因为有些起义是为了反抗统治者的压迫而揭竿起义的，有的起义是由于遇到天灾人祸、民不聊生导致的。其四，使用的回归模型不同。这是一个不可忽视的技术性问题，面板数据和非面板数据的回归结果会有所不同，计数模型和二值模型得到的结果也会不同。

表 2-1 气候冲击说相关研究成果

研究者	样本时间段	样本区域	单位时间	单元空间	被解释变量	气候变量	显著变量
陈志武等（2014b）	1736—1855 年	中国 19 省	年	省	土地债务类命案率 婚姻奸情类命案率	降雨量、旱涝	降雨量
Bai，Kung（2011）	前 220—1839 年	中国	10 年	县	游牧民族进攻频率	降雨量、雪灾、气温#	降雨量
Jia（2014）	1470—1900 年	中国 269 府	年	府*	起义数量	干旱、涝灾	干旱
陈强（2011）	前 221—1911 年	中国	10 年	政权	中原王朝被征服	干旱、涝灾	无
赵红军（2012）	前 246—1913 年	中国	10 年	县	内乱、外患、人祸	气温、降雪、旱涝#	全显著
Kung，Ma（2014）	1651—1910 年	中国山东 107 县	年	县*	起义数量	歉收（代表干旱）	歉收
杜映昕、钟笑寒（2013）	1644—1911 年	中国	年	省	起义数量	水灾、旱灾、霜冻、雹灾、虫灾、地震	旱灾
陈永伟等（2014）	1470—1900 年	中国	年	省*	起义数量	旱灾、水灾	旱灾
梁若冰（2014）	1842—1911 年	中国	年	省*	教案数量	旱涝、旱灾、水灾#	旱涝
陈志武等（2014a）	1732—1895 年	中国	年	府*	贷方死亡概率	干旱、涝灾#	全显著
陈强（2014）	前 221—1911 年	中国	10 年	政权	中原王朝被征服	干旱、黄河决堤、水灾、雪灾、霜冻、气温#	干旱
陈强（2015）	25—1911 年	中国北方	年	政权	起义数量	（严重）旱灾、水灾、黄河决堤、霜冻、蝗灾、（严重）饥荒#	旱灾、蝗灾
黄冠佳、温忠美（2017）	前 221—1911 年	中国	年	政权	起义数量	干旱、饥荒	饥荒

注：① *表示该文献的单元空间，真正使用行政单位作为横截面，或者控制变量中含有行政单位这一虚拟变量；未标注 * 的文献单元空间根据其数据集确定。

② #表示该文献考虑了气候变量的滞后阶。

气候冲击说在一定程度上反映了“天灾”的作用，但天灾仅是一个外因或者导火索。气候冲击说的本质是气候冲击改变了各要素的效率，例如，旱涝灾害能直接影响土地的生产力。之前研究气候冲击的文献，主要关注旱涝、低温类灾害的影响，但最新的文献已经开始关注全球变暖给经济带来的负面影响，意识到气候过冷和过暖都是不利于社会稳定和经济发展的，而且高温带来的危害要比低温类灾害来得更严重（Iyigun et al，2017）。

2.1.2 人口压力说

人口压力说被认为是战争与冲突起因研究的一种重要观点。其基本逻辑框架是，随着人口的增长，人口与各种要素特别是土地的矛盾日益增长，一旦王朝统治者不能较好解决人地矛盾，就容易导致战争与冲突。

最早研究人口问题的经济学家当属托马斯·罗伯特·马尔萨斯（Thomas Robert Malthus），他在《人口论》中指出，线性增长的生活资料不能满足指数增长的人口数量，就会发生贫穷与战争（马尔萨斯，2008）。马尔萨斯首次注意到战争有可能是由人口压力所致，并且战争是抑制人口增长过快的方式之一。中国研究人口问题的第一人是马寅初。马寅初受到马尔萨斯人口压力论的重要影响，但与马尔萨斯不同的是，缓解人口压力问题，他认为，要通过积累资金、提高生存力等方式，而不是通过减少救济穷人的方式（马寅初，1998）。当然，马寅初在辩驳马尔萨斯人口论时，只是通过个例来反驳人口指数增长的观点未必有信服力，这只能说明除了人口指数增长论，还有其他理论值得关注。

还有一些历史学家重点考察历代人口的数量与分布，并探究其变化的原因。赵文林、谢淑君（1988）完成了第一部中国人口通史。葛剑雄主编的《中国人口史》（六卷本）修正了赵、谢的一些问题，包括历代行政疆域与现代的不同导致人口数量的错估；曹树基（2000，2001）主笔的《中国人口史　第四卷　明时期》《中国人口史　第五卷　清时期》完成了明清时期人口数量的考察与修正，并指出赵、谢在清前期人口估算中错将纳税单位“丁”等同于家庭单位“户”。此外，路遇、滕泽之（2015）的《中国人口通史》讲述了前170万年到1949年的人口数量，并分析了不同时期人口数量增减的原因。

将人口作为解释变量，考察其对冲突与战争的影响，则是量化史学家的研究主题。这个主题的研究分为两个阶段，前期的学者主要集中于机理研究，认为人口压力是导致战争的一个因素（Zhang et al，2007）。随后，学者们开始使用计量方法，定量分析人口对冲突与战争的影响。然而，出现了两种结论。一方面，梁若冰（2014）在研究晚清教案时，发现人口规模对教案的效应为正，这与马尔萨斯的人口压力论相符。另一方面，赵红军（2012）在研究我国历代农业社会时，却发现人口规模越大，越能降低各类不稳定事件的发生概率；同样的，陈志武等（2014）在研究土地债务类命案和婚姻奸情类命案时，发现人口密度的效应为负，而且较为稳健，这都与马尔萨斯的人口压力论相悖。

至此，可以认为人口规模对战争与冲突确实有一定的影响，但还存在一个问题，人口规模既会影响战争与冲突，也会受到战争与冲突的影响，也就是说人口规模的内生性问题没有得到解决。Brückner（2010）使用干旱作为工具变量，发现了撒哈拉沙漠地区的国家人口增长会导致内战爆发的概率增加。但是，也有研究表明，人口规模的内生性不明显，人口与农民起义的逆向因果关系不明显（Chen，2015）。表 2－2 是研究中国冲突与战争和人口规模（密度）的关系的相关成果，包括研究者、样本时间段、样本区域、被解释变量、人口变量的显著性、是否符合马尔萨斯人口压力论、是否考虑人口内生性 7 个方面。

由表 2－2 和以上综述可以看出，有些研究的结论与马尔萨斯人口理论相符，有些则相悖。出现这样相反的结论是有原因的，关键在于冲突双方的意识形态是否相同。对于中国发生的战争与冲突案例，人口规模和人口密度，在一定程度上可以作为经济繁荣程度的指标，经济越繁荣，就越不容易发生战争与冲突，但这基于意识形态相同的情形。晚清教案的发生，表面上是西方传教士与清代民众的冲突，实际上是文化和制度的冲突，特别是意识形态中的西方基督和中国儒家伦理的冲突。在这种情况下，人口越密集的地方，传教士和普通民众的接触机会就越多，从而越有可能发生教案。

除此之外，人口变量的显著性存在不同结论，还与人口数据集的来源有关。首先，即使在今天，也没有每一年都作人口普查，更不用说古代，因此人口数量这个数据集只有有限的若干年数据，中间空缺数据都是由历史学家使用自己的方法估算出来的，往往不同学者估算出的同一朝代的人口数量也差别很大，这对回归结果会产生很大的影响。其次，部分学者忽略了不同朝代

表 2-2　人口压力说相关研究成果

研究者	样本时间段	样本区域	被解释变量	人口变量的显著性	是否符合马尔萨斯人口理论	是否考虑人口内生性
Zhang 等（2007）	1000—1911 年	中国东部	—	—	是	否
陈志武等（2014）	1736—1855 年	中国 19 省	土地债务类与婚姻奸情类命案	显著为负*	否	否
赵红军（2012）	前 246—1913 年	中国	内乱、外患、人祸	显著为负**	否	否
梁若冰（2014）	1842—1911 年	中国	教案数量	显著为正**	是	否
Brückner（2010）	1981—2004 年	撒哈拉沙漠地区 37 国	内战次数	显著为正*	是	是
Chen（2015）	25—1911 年	中国北方	起义数量	显著为正***#	是	是

注：* 表示人口变量结论稳健；** 表示人口变量为控制变量，但文献缺少稳健性检验；*** 表示人口变量结论不稳健；# 表示未寻找工具变量处理人口内生性问题。

在行政区域方面的变化，这也可能使得估计的人口数量不准确。最后，如果研究者没有将人口数量和研究区域匹配，这也是会出问题的，例如研究区域战争时，如果使用全国的人口数据，有可能会得到相反的结论。

2.2 王朝周期说与宗教在农民起义中的作用

用王朝周期说解释农民起义的发生，要比气候冲击说和人口压力说稍晚。一般而言，王朝初期和末期的国家能力相对较弱，往往农民起义较多。而且，借助宗教发动的起义，能给王朝带来沉重的打击，目前已有不少学者关注宗教在农民起义中的作用。

2.2.1 王朝周期说

王朝周期说的核心观点是一个政权或文明，会经历由弱变强，然后再由盛转衰的过程。

最早研究王朝周期说的是历史学家，他们没有针对某一个政权，而是对于某个文明进行分析。奥斯瓦尔德·斯宾格勒（Spengler Oswald，1926）将每一文明看作一个单元，认为每一文明都会经历产生、兴起、鼎盛、衰落这样的生命周期，这种周期是任何文明都无法避免的。受到斯宾格勒的影响，历史学家汤因比（1966）也得到了类似观点，他分析了 26 种文明发现，文明由精英阶层创造，最终由于专制和封闭而衰亡。与斯宾格勒不同的是，汤因比并不认为所有文明都会衰亡，只要还存在创新，那么文明将会持续。

接着经济学家开始研究王朝周期说。他们把政治和经济因素作为大国兴衰的重要原因，如果存在过多的既得利益集团，或者经济、科技相对落后，大国将会由盛转衰（Olson，1982；Kennedy，1987）。中国历朝出现“乱治循环”的特点，对于某一特定的朝代，都会经历由兴到亡的周期（孙达人，1994），而且王朝周期与气候的冷暖周期对应[①]，一般较暖的时期王朝会处于兴盛阶段，寒冷时期王朝衰亡（Zhang et al，2005；Fan，2010）。最早将王朝周期说进行实证分析的是陈强（2011，2014）[②]，以“中原王朝比游牧政权早建立的年数”作为检验王朝周期说的核心变量，发现“年老”的中原王朝容易被新生游牧政权所征服。

与王朝周期说紧密相连的一个概念是国家能力，王朝在其生命周期中呈波浪式发展，一般而言，处于波峰处的王朝，其国家能力会更强。国家能力强的时期，王朝能较好解决气候冲击带来的负面影响[③]。早期对国家能力的研究，大多属于理论分析，Besley 和 Persson（2010）建立了国家能力均衡模型，并考虑了影响国家稳定的因素——国内外冲突、政治稳定度和经济水平。Ma（2013）则关注清王朝的国家能力问题，探讨了大分流时期

① 王朝周期与气候变迁的综述，可以参考 Ka - Wai Fan 于 2010 发表的 *Climatic Change and Dynastic Cycles in Chinese History：A Review Essay* 一文。

② 陈强 2011 年发表的《中原王朝被征服的计量历史分析》于 2013 年受到雷鸣等学者的质疑，他在 2014 发表的《气候冲击、王朝周期与游牧民族的征服》一文相当程度上修正了之前的问题。

③ 关于国家能力的综述，可参考彭凯翔《历史视野下中国经济的长期变迁——近年中国经济史之计量研究综述》一文的第五部分。

中国衰落的原因。随后，对国家能力的研究进入实证阶段，梁若冰（2015）在研究辛亥革命时，用财政盈余作为国家能力的代理变量，结果发现财政盈余越多，越能减少起义的发生，如果处于国家能力很弱的阶段，起义会导致政权的崩溃。陈强（2015）得到了类似的结论，他用政府救灾作为国家能力的代理变量，也发现在气候冲击背景下，如果政府能及时开仓赈灾，则可以减少农民起义的发生。

2.2.2 宗教在农民起义中的作用

中国历代农民起义不乏宗教的身影，带有宗教色彩的农民起义，往往具有参与人数多、持续时间长、波及范围广的特点。农民起义军领袖利用宗教会党或者曲解教义，吸引了生活不如意的信徒加入起义军，并让加入者感受到起义是正义的，而且能获得美好生活，从而较容易发动起义甚至获得成功。

宗教对农民起义的影响在计量上的研究还较为匮乏，目前有两篇较为经典的文献，一篇是研究儒教对清代农民起义的影响，发现儒教的礼仪规范能有效减少农民起义（Kung，Ma，2014）；另一篇则重点关注晚清宗教冲突的促因，发现天主教、儒教对教案有促进作用，新教、佛教和道教对教案有抑制作用，伊斯兰教和会党的作用不显著（梁若冰，2014），两者均在气候冲击的框架下进行讨论。其他的成果更多是研究宗教对经济发展的影响（Bai，Kung，2015；Becker，Woessmann，2007；Cantoni，2015；Chen，Wang，Yan，2014）。目前研究宗教与农民起义关系的学者主要分为两派，其一是站在阶级斗争的视角，认为宗教具有组织农民和鼓动农民的作用，宗教使农民觉得发动起义是“天意”，是上天“授权的”且“正义的”（孙祚民，1956；杨宽，1960）。其二是针对某一朝代的特点，探讨宗教对相应朝代政治的影响。例如，巴雷特（2010）分析了道教对唐中后期政治的影响，并讲述了当时攘道灭佛的原因。许军（2010）则关注元末明教与白莲教引发的起义，认为宗教具有煽动性与欺骗性，农民往往是不了解教义内容的。小林一美（1986）讨论清代宗教对农民起义的影响，由于基督教从西方传入中国，于是清代农民起义有不同于前朝的特点。关于当代宗教对冲突的影响，最为深入的研究是郑风田及其团队，他们揭示了宗教并不能直接导致冲突，更多的是起工具的作用（阮荣平，孙永生，2012；阮荣平，郑风田，刘力，2014）。表 2－3 列出了中国战争与冲突和宗教关系的相关研究成果，包括研究者、朝代、涉及的宗教、被解释变量、基本结论 5 个方面。

由表 2－3 和以上综述可以看出，宗教对战争与冲突的作用不明朗，这说明宗教本身并不能直接导致战争与冲突，而很可能是起到工具的作用。洪秀全借助拜上帝教发起太平天国运动，就是在曲解基督教的基础上引入道教的教义来吸纳信徒的（闵丽，2003）；秦末农民起义陈胜建立的“张楚政权”和清末义和团运动，都是借助宗教来发展壮大的。此外，如果国家统治者善于宣传宗教中有利于和谐稳定的内容，也是可以减少战争与冲突的。

表 2-3　宗教促进说相关研究成果

研究者	朝代	涉及的宗教	被解释变量	基本结论
孙祚民（1956）	秦末至晚清	五斗米道、太平道、大乘教、摩尼教、白莲教、基督教	—	—
杨宽（1960）	东汉、元明清	太平道、明教、拜上帝教	—	—
小林一美（1986）	清	清水教、天理教、白莲教	—	—
许军（2010）	元末	明教、白莲教	—	—
巴雷特（2010）	晚唐	道教	—	—
Bai，Kung（2015）	清后期	新教、天主教	经济繁荣度①	新教显著为正
Kung，Ma（2014）	清	儒教	起义数量	显著为负
梁若冰（2014）	晚清	天主教、儒教、新教、佛教、道教、伊斯兰教、会党	教案数量	天主教、儒教显著为正；新教、佛教、道教显著为负
阮荣平、郑风田、刘力（2014）	当代	佛教、道教、伊斯兰教、天主教、基督教、民间信仰等②	群体事件	宗教显著为正
阮荣平、孙永生（2012）	当代	宗教	村民冲突	显著为负
黄冠佳、温思美（2017）	秦代至清代	佛教、道教、伊斯兰教、基督教、禅宗、华严宗、律宗、三论宗	起义数量	佛教显著为负；基督教显著为正

注：① 经济繁荣度分为两个维度，即城市化和公司建立数，新教对两者的作用都是显著为正。

② 该文在实证分析中，首先将所有教派归为“宗教”这一变量，然后分为普化宗教（民间信仰）和制度化宗教。

2.3 中心词辨析

农民起义与农民战争。农民起义有两个内涵，如果农民军领袖中有一个或若干人是农民，或者农民军领袖是其他职业，但起义军中大部分为农民，这样的群体发动的起义都可以看作农民起义。农民起义要区别于贵族叛乱和不同政权之间的冲突[①]。在理论分析中，使用更多的是“农民起义”，包括农民军发起的反抗中央王朝的一系列战争以及中央政权镇压农民军发动的战争。在实证分析中，更多使用的是“农民战争”，一次农民起义往往包括不只一场战争，如果在实证分析中以农民起义作为研究单位，相当于将太平天国运动等同于一些只持续很短时间的农民起义，这样会错估某些大型起义的作用。另外，在数据集里，如果明确是农民起义的，则该次战争会标注“起义”，如果不明确，则该次战争会标注“起事”或“之战”。

气候冲击与自然灾害。本书使用的“气候冲击”这一术语，是一个广义概念，指负向的气候冲击，这里既包括由气温的异常变动导致的农业气象灾害、农业生物灾害和农业环境灾害3类13种自然灾害，也包括自然灾害导致的谷物歉收和饥荒。但是，本书出现的气候冲击不包括正向和中性的冲击，例如偏暖的气温和正常范围内的降水等。在理论分析和实证分析

---

① 农民起义、贵族叛乱与政权对抗这三种战争是不同的。农民起义发生初期，不一定有固定的根据地；而贵族叛乱一般是由封疆大吏发动，如三藩之乱；政权对抗则是两个有国号的政权间的战争，如明清对抗。

中，更多的是使用“自然灾害”，相比“气候冲击”而言，“自然灾害”一词更加精准，一方面自然灾害对农业生产的作用明确是负面的，另一方面，米价上涨、饥荒的发生大多是由自然灾害引起的。

人口数量、人口增长与人口压力。人口数量是个有量纲的变量，用于描述人口的规模；人口增长是人口数量年度变化情况，用人口增殖率刻画，可以通过人口数量计算求出，这是一个无量纲的变量。人口压力则是综合条件下的结果，人口数量较多和人口增殖率很高，单凭这两点还不能认为出现了人口压力，这是因为人口数量增多有可能是疆域扩大、农业技术提升等外部条件改善所致；人口增殖率高更有可能是经济繁荣的标志。因此，人口压力必须考虑实际粮食总产量能否达到既定人口数量的最低需求量，此外，人口压力还与人口年龄结构、性别比例有关。

国家能力与国家赈灾。国家能力是指中央政权对其领土、人口、经济活动等方面的控制能力，可以用财政能力、赈灾能力、镇压能力等指标来刻画。一般而言，实际控制的领土面积越广、人口数量越多，国家能力就越大。相比于国家能力，“国家赈灾”是一个更精确的词，是国家能力的一个方面。本书实际上探讨的是国家赈灾，包括对自然灾害的赈灾和对饥荒的赈灾，使用赈灾次数来刻画赈灾的强度。

宗教与会党。本书的宗教既包括制度化宗教，如道教、佛教、基督教、伊斯兰教、天主教等，也包括普化宗教（民间信仰），如天理教等。会党往往是秘密组织，清代比较有名的会党包括天地会、小刀会、红钱会等。相比而言，在清代，对农民起义影响比较大的是普化宗教和会党，因为这类组织更为隐秘，而且没有晦涩繁杂的教义，更能使广大农民所接受。但是，普化宗教和会党规模相对于制度化宗教更小，这也是利用普化宗教和会党发动的农民起义不容易获得成功的原因之一。

3 理论模型：人口、供给、饥荒与农民起义

农民起义所处的社会系统并不是一个孤立的系统，社会系统和经济系统、自然系统都有着密切的关联。饥荒是直接导致农民起义的一个因素，而饥荒又与人口数量、粮食供给、国家赈灾[①]有关。人口数量是从需求的角度影响饥荒，粮食产量和库存是从供给的角度影响饥荒，赈灾则是从调控的角度缓解饥荒。利用这些关系，可建立一个关于人口、供给、饥荒与农民起义的理论模型。

3.1 静态分析

本节构建出最基本的模型，进行静态分析，即不考虑自然灾害与赈灾的情况下探讨人口数量、粮食供给对饥荒和农民起义的影响。

图 3-1 是人口数量和粮食供给对饥荒和农民起义的影响分析。首先，饥荒安全线和起义安全线是指在该线上人口数量和粮

① 玉米和甘薯的供给归到国家赈灾这一范畴，本章的粮食供给主要是指稻、麦的供给。

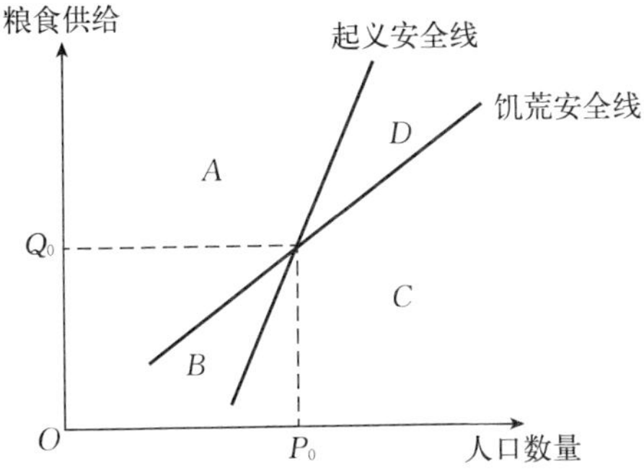

图 3-1 人口数量和粮食供给对饥荒及农民起义的影响分析

食供给的组合并不会导致饥荒和起义；起义安全线的斜率比饥荒安全线的斜率大，说明在人口数量较多时（大于 P_0），控制农民起义要比控制饥荒需要更多的粮食，也就是说难度更大，这与实际情况相符。其次，饥荒安全线和起义安全线的交点（P_0，Q_0），是同时能保证不发生饥荒和农民起义的极值条件，否则，要么减少人口数量，要么增加粮食供给，才能保证既不发生饥荒又不发生起义。最后，饥荒安全线和起义安全线将坐标图分成了 A、B、C、D 四个区域，其中 A 区是安全区，表明在此区域人口数量和粮食供给的组合既不会导致饥荒也不会导致起义；B 区是可调控区，此区域在饥荒安全线的右下方，说明此处人口数量和粮食供给的组合已经导致了饥荒，但仍在起义安全线的左上方，说明还不会导致起义，在此区域如果能有效赈灾，则可以避免农民起义的发生；C 区是危险区，表明在此区域人口数量和粮食供给的组合会同时导致饥荒和起义，王朝要提高粮食供给和控制人口，才能重新回到安全区域；D 区是不可控区，此区域在起义安全线的右下方，说明此处已经发生了起义，但仍在饥荒安全线的左上方，说明还没有发生饥荒，这个区域的农民起义容易被忽略，也是气候冲击说不能解释的，这个区域的起义并不是由饥荒所致，而很可能是因为政治原因所致，例如清初农民起义很可能是因为汉人希望“反清复明”而发动的。

3.2 仅考虑自然灾害的动态分析

本节在上一节的基础上，分析存在自然灾害的情况下，起义安全线和饥荒安全线的变动情况，以及从旧的均衡点变为新的均衡点的路径情况。

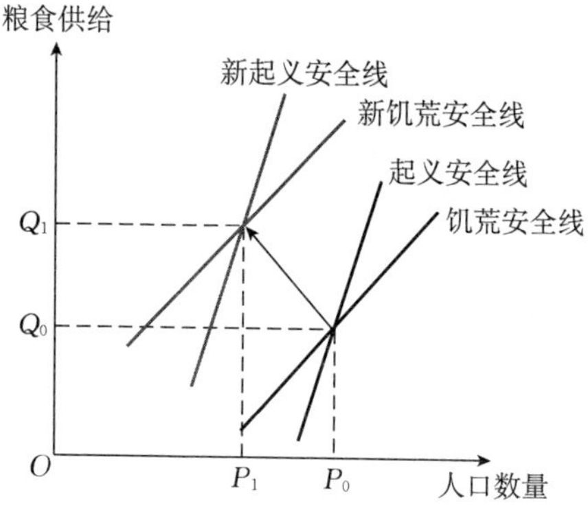

图 3-2 自然灾害带来的风险

如果发生了自然灾害，饥荒安全线和起义安全线都向坐标图的左上方移动，如图 3-2 所示，此时的安全区域变得更小了，饥荒安全线和起义安全线的交点由（P_0，Q_0）变为（P_1，Q_1）。此时，要同时保证不发生饥荒和起义的极值条件变得更为严苛，一方面人口数量要变得更少，另一方面粮食供给要变得更多，才能保证安全。

但是，粮食供给的提高并不能瞬时完成，需要相当的时间才能做到。因此，并不能直接从（P_0，Q_0）去到（P_1，Q_1），而是从（P_0，Q_0）首先去到与新的饥荒安全线的交点处，然后再沿着新的饥荒安全线去到（P_1，Q_1），如图 3－3 所示。这个过程说明，一旦遇到严重的自然灾害，第一个环节会导致人口数量的减少。而人口的减少又分为两个过程，先是一些灾民揭竿而起发动起义，战争和饥荒使得人口数量减少，直至去到与新的起义安全线的交点，到达此点，起义已经停止；然后，由饥荒进一步导致人口减少，直至去到与新的饥荒安全线的交点，此时饥荒和起义得到控制，人口不再减少。第二个环节是恢复期，随着粮食供给的提升，人口数量也有所增长，到达新的均衡点（P_1，Q_1）。如果没有赈灾，从旧的均衡点（P_0，Q_0）到新的均衡点（P_1，Q_1）可能需要数年时间。

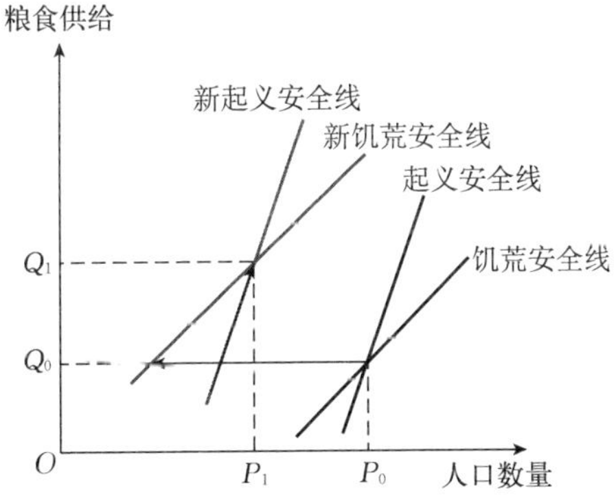

图 3－3　粮食供给提高的时滞性

3.3 同时考虑自然灾害与赈灾的动态分析

本节在上一节的基础上，在考虑自然灾害的同时进一步引入赈灾，此时起义安全线和饥荒安全线会再次变动，具体的移动情况与赈灾力度有关。

图3-2和图3-3描述的是没有赈灾的情况，如果有赈灾，情况又有所不同。图3-4描述了遇到自然灾害且有赈灾的情况。赈灾又分为两种情况，一种是赈灾的力度不大，另一种是全力赈灾，这两种情况分别对应于图3-4的左上方交线和右下方交线。如果赈灾的力度不大，旧均衡点（P_0，Q_0）会按图3-3的模式到新的均衡点（P_2，Q_2），此时依然会导致农民起义和饥荒，但持续时间较没有赈灾的情况要短，恢复人口的速度也更快。如果是全力赈灾，新的起义安全线和赈灾安全线如图3-4所示，此时虽然发生了自然灾害，但点（P_0，Q_0）处于新的起义安全线和

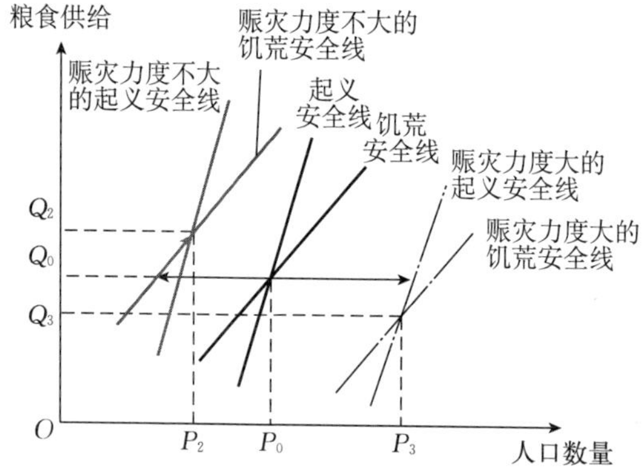

图3-4　赈灾对抵御自然灾害的作用

赈灾安全线所交的安全区域，此时不仅不会发生起义和饥荒，而且理论上人口还可以增长至与新的起义安全线的交点处。由此可见，赈灾的作用是相当明显的，至于新的均衡点是（P_2，Q_2）还是（P_3，Q_3），取决于王朝的赈灾力度，于是只有当国家能力较强时，王朝的赈灾才能有效控制饥荒和起义，如清乾隆朝就是国家能力较强的时期。

3.4 考虑粮食供给效用的静态分析

以上分析描述了人口数量、粮食供给和国家赈灾对饥荒和农民起义的影响，但没考虑到在不同人口数量的情况下，粮食供给对控制饥荒和起义的效用是不同的。实际上，粮食供给对控制饥荒和起义的效用，会随着人口数量的提升而降低，即人口数量每增加 1 个单位，增加 1 单位粮食供给越来越难控制饥荒和起义。因此，起义安全线和饥荒安全线应该是斜率逐渐增大的曲线，如图 3－5 所示。

图 3－5 和图 3－1 相似，起义安全曲线和饥荒安全曲线也将坐标图分成了 *A*、*B*、*C*、*D* 四个区域。但不同的是，图 3－1 沿着起义安全线的任意一点的切线方向（即起义安全线本身）同时增加粮食供给和人口，永远不会导致起义；而图 3－5 沿着起义安全曲线的任意一点的切线方向同时增加粮食供给和人口，是会导致起义的，说明在人口数量每增加 1 个单位时，需要比之前更多的粮食供给才能控制起义。

考虑粮食供给效用的情形下，遇到自然灾害均衡点的移动情

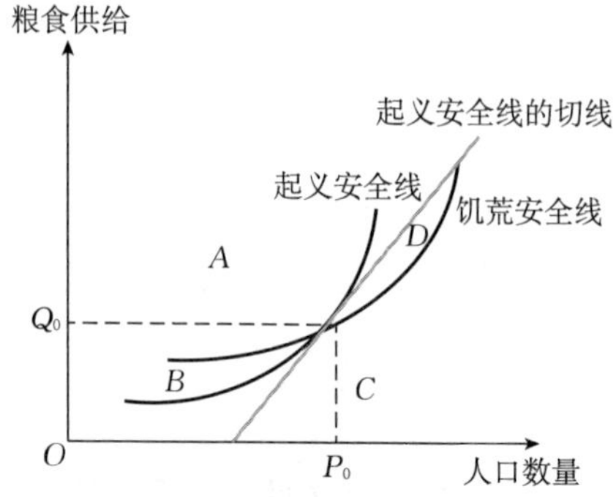

图3-5 考虑粮食供给效用的情形

况与图3-2和图3-3相似，不会直接从旧的均衡点去到新的均衡点，也是分两个阶段。第一阶段仍是人口数量的减少，也包括由起义和饥荒导致的人口减少和仅由饥荒导致的人口减少两个过程，只是在第二阶段中，人口数量和粮食供给会沿着新的饥荒安全曲线移动，以致达到新的均衡点，而不是线性的变化规律。如果存在赈灾，均衡点的移动情况则与图3-4类似。

4　清代灾害、人口、农民起义的统计学特征

本章首先说明数据来源，包括数据选取情况和数据特点，然后从空间分布、时间分布、涉及宗教会党情况、少数民族参与情况、持续时间、战争结果 6 个方面对清代农民战争进行计量统计，最后分析农民战争与气候冲击、人口压力、经济冲击的关联性。

4.1　数据来源

（1）农民战争的次数。属计数变量，可以用它刻画社会的不稳定性，农民战争有可能与气候冲击带来的经济波动有关，也可能在人口压力下爆发。使用农民战争的次数作为被解释变量，可以检验汤因比（1966）的气候冲击理论，也可以直接检验马尔萨斯（2008）的人口理论。该数据可以从《中国历代战争年表（下）》（中国军事史编写组，2006）获得。该书是研究农民起义计量文章的最重要的数据来源，其数据已被广泛应用（陈强，2015；杜映昕，钟笑寒，2013；Jia，2014；Kung，Ma，2014）。《中国历代战争年表（下）》中明确是农民起义的，则记为“起

义”，如果不明确，则记为“起事”或“之战”，每条起义信息包括战争的时间、地点、参战双方的军事将领、结果。本书提取的数据是针对清王朝的起义，包括农民军发起的战争和朝廷镇压所发动的战争，在所提取的 196 条信息中，主要分析战争地点、发生时间、战争持续时间、是否有宗教成分、是否有少数民族参与、战争结果 6 个方面的数据特点。

（2）气候冲击的变量。气候冲击已被认为是导致经济冲击从而发生动乱的因素（汤因比，1966）。刻画气候冲击的变量就是各种自然灾害，这是一系列的计数变量，如果某一年中没有发生某种自然灾害，那么对应的自然灾害变量则记为 0。该数据可从《中国农业自然灾害史料集》（张波等，1994）获得，自然灾害包括农业气象灾害、农业生物灾害和农业环境灾害三类，自然灾害引发的经济冲击包括饥荒和赈灾两类。其中，农业气象灾害包括水灾、旱灾、风灾、雹灾、雪灾、霜灾和低温类灾害 7 种；农业生物灾害包括蝗灾、虫灾、鼠兽鸟害和畜疫 4 种；农业环境灾害包括沙尘暴和水土流失 2 种。每一类自然灾害的信息都包括发生的时间、地点、严重程度等。此外，气候冲击导致的经济冲击（包括饥荒和赈灾），也归到这一部分，这也是计数变量，设置方法和其他计数变量一致。具体自然灾害的含义、朝廷救灾方式如下：

① 水灾。包括长时间降雨、突发性降大暴雨、河流发大水、河道决堤等；朝廷通过开仓赈灾、免赋税、抚恤、提供口粮、贷款的方式来弥补水灾带来的损失，但拨款修建堤坝不计入救灾的范围内。

② 旱灾。包括干旱、长时间不降雨、河流干涸等；类似水灾，朝廷通过开仓赈灾、免赋税、抚恤、提供口粮、贷款的方式来弥补旱灾带来的损失，但刑部减免罪行或祈求降雨的迷信活动不计入救灾范围。

③ 风灾。这里指带有一定破坏性的大风，破坏性体现在将树连根拔起、损毁房屋、破坏庄稼等；救灾主要包括免赋税和赈灾。

④ 雹灾。包括雨雹和冰雹，破坏性体现在破坏庄稼、伤毙人畜、损毁房屋顶部等；救灾主要包括免赋税、抚恤和赈灾。

⑤ 雪灾。指难遇的大雪，这类大雪往往积雪数尺，气温特别低，破坏性体现在禾稼冻死、人多受冻致死；救灾主要包括免赋税、抚恤和赈灾。

⑥ 霜灾。指霜冻，主要对庄稼造成损害；救灾主要包括免赋税和赈灾。

⑦ 低温类灾害。指除了雪灾和霜灾的严寒，能造成大范围结冰、人畜树木受到冻伤等；在清代，这类灾害只有一次赈灾记录。

⑧ 蝗灾。指蝗虫对禾苗的伤害，如果记录中包含“不成灾”的字眼，则这次记录不计入蝗灾；朝廷通过赈灾、免赋税的方式来弥补蝗灾带来的损失，朝廷下令捕蝗也计入赈灾中。

⑨ 虫灾。与蝗灾类似，其破坏性体现在对禾苗的伤害；朝廷通过赈灾、免赋税的方式来弥补虫灾带来的损失。

⑩ 鼠兽鸟害。主要是鼠害，指各类老鼠对庄稼、谷仓的损害；对该类灾害，清政府没有进行救灾。

⑪ 畜疫。清代只有一次畜疫记录，即曲阳出现瘟疫，大量的人和牛死亡，清政府也没有进行救灾。

⑫ 沙尘暴。出现风沙蔽天，甚至持续多日，但鲜有对庄稼损害的记录；在清代，这类灾害只有一次赈灾记录。

⑬ 水土流失。一般是大雨之后，田地遭到冲压，或者山洪暴发，民房受到损毁。这类灾害的后果较为严重，朝廷救灾力度比较大，通过延缓或减免赋税的方式进行救灾。

⑭ 饥荒。这属于气候冲击带来的后果，当粮食收成受到影响之后，就可能出现饥荒，甚至人相食。朝廷通过开仓赈灾、免赋税、抚恤、提供口粮、开设粥厂的方式来弥补饥荒带来的损失。饥荒需要考虑严重程度，由第三章的理论模型结论可知，发生了饥荒不一定就发生起义，只有较为严重的饥荒才会将民众逼上有杀头风险的起义之途。如果饥荒的记录中有“大饥”“人相食”“鬻男女（子女）”等字眼，说明发生了严重饥荒。

（3）人口数据。马尔萨斯（2008）的人口理论强调人口增长速度只要快于资源增长的速度，就容易导致战争，直到人口减少到一定数量之后，又开始新一轮的循环。清代人口数据主要来源于赵文林、谢淑君的《中国人口史》（人民出版社，1998年版）和曹树基的《中国人口史第五卷　清时期》（复旦大学出版社，2001年版）。相较而言，曹树基的人口数据更加准确，但主要为府级数据。而赵文林、谢淑君的数据更偏向于全国加总数据和省级数据，可用来检验人口压力说；除了全国人口数据，还有人口增殖率的数据，以及清早期纳税单位人丁的数据。全国人口数据，包括了1646年、1661—1734年、1741—1899年、1911年等年份的数据，其余年份的数据需要进行线性插值补充齐全。同样的，相应缺少的年均增殖率，使用线性插值得到的人口数据进行计算，但1644年的人口年均增殖率除外，因为如果要计算该年的增殖率需要用到1643年的人口数据，所以1644年的年均增殖率使用1645—1649年的人口年均增殖率的平均值代替。

（4）清代米价数据。米价受到供应和需求两方面的影响，即清代人口数量和粮食收成的丰歉都会导致米价的波动。米价数据可以从彭凯翔《清代以来的粮价——历史学的解释与再解释》（上海人民出版社，2006年版）获得，该书有1650—1945年的米价指数、物价指数。本书选取1650—1911年的米价指数进行研究，1644—1649年的数据使用移动平均的方法逐步回推，例如1649年的米价指数使用1650—1654年米价指数的平均值求得，1648年的米价指数使用1649—1653年米价指数的平均值求得，以此类推。本书选取米价指数作为代理变量的原因有二：其一，本书研究的地域范围主要为汉族聚居的地方，大米是汉族的主食，选取米价指数作为代理变量具有普适性；其二，米价指数要比米价更具研究价值，米价指数不仅可以反映出米价上涨或下跌的趋势，也可以与基期（本书选择1760—1780年米价的均值作为基数）进行对比。

（5）气温均值偏离数据。气温属于中性的气候冲击，一般而言，正常范围的气温不会对农业生产造成大的影响，只有极端温度才有可能造成歉收。本书使用气温均值偏离数据作为冷期和暖期的判断依据，数据来源为陈强《气候冲击、政府能力与中国北方农民起义（25—1911年）》（《经济学》，2015年4期）一文。

该文介绍了历史气温数据的来源以及计算历史气温长期均值的偏离摄氏度的方法，提供了东汉至清代（25—1911年）大部分年份的气温均值偏离数据。本书选取清代的气温均值偏离数据进行研究，对于所缺的1645—1681年的数据，类似于米价指数，使用移动平均的方法逐步回推补全（表4-1）。

表4-1 主要变量的描述性统计

变量名称	可观测年数（年）	最大值	最小值	均值	标准差	数据来源
战争次数（次）	268	13	0	0.71	1.79	中国军事史编写组（2006）
灾害总数（次）	268	48	3	16.32	7.65	张波等（1994）
水灾	268	21	1	7.44	4.08	张波等（1994）
旱灾	268	15	0	3.17	2.51	张波等（1994）
风灾	268	7	0	1.48	1.23	张波等（1994）
雹灾	268	12	0	1.72	1.87	张波等（1994）
雪灾	268	3	0	0.20	0.47	张波等（1994）
霜灾	268	4	0	0.52	0.82	张波等（1994）
低温类灾害	268	2	0	0.09	0.32	张波等（1994）
蝗灾	268	5	0	0.69	1.10	张波等（1994）
虫灾	268	2	0	0.21	0.45	张波等（1994）
鸟兽鼠害	268	2	0	0.09	0.30	张波等（1994）
畜疫	268	1	0	0.004	0.06	张波等（1994）
沙尘暴	268	4	0	0.57	0.76	张波等（1994）
水土流失	268	3	0	0.13	0.42	张波等（1994）
饥荒（次）	268	14	0	3.77	2.59	张波等（1994）
严重饥荒	268	3	0	0.33	0.58	张波等（1994）
人口数量（万）	234	43 960	8 850	25 930	12.43	赵文林、谢淑君（1988）

（续）

变量名称	可观测年数（年）	最大值	最小值	均值	标准差	数据来源
人口增殖率（‰）	233	35.56	−56.30	5.80	12.59	赵文林、谢淑君（1988）
米价指数	262	243.57	27.06	98.69	42.59	彭凯翔（2006）
气温均值偏离（℃）	231	0.64	−0.85	0.02	0.30	陈强（2015）

注：米价指数的基数为1760—1780年米价的均值；灾害总数为13种灾害的求和，但不包括饥荒（饥荒是自然灾害的可能后果，为了与自然灾害作区分，单列为一个变量，并作为后续实证研究的解释变量之一）。

（6）玉米和甘薯的亩产数据。要精确确定某种作物在全国的平均亩产量，即使在当代也不是一件容易的事情。比较通用的办法是分别得到每个地区的产量和种植面积，然后进行加权平均。赵冈等《清代粮食亩产量研究》（中国农业出版社，1995年版）一书对清代粮食亩产做过深入的研究，成为本书玉米和甘薯亩产数据的来源。北方种植玉米的面积占种植玉米总面积的62%[①]，南方种植玉米的面积占种植玉米总面积的38%，而北方玉米的平均亩产大概是1.967石[②]，南方玉米的平均亩产大概是1.87石，加权平均后得到全国的玉米平均亩产约是1.93石（1.967×62%+1.87×38%）。玉米全国耕种面积为9 960万亩，故总产量为19 223万石。甘薯的平均亩产可类似计算，北方种植甘薯的面积占种植甘薯总面积的20%，南方种植甘薯的面积占种植

① 该数字为当代比例，赵冈等认为与清代出入不大，于是本书也采纳这个数据。下同。

② 清代，1石约合70.8千克。下同。

甘薯总面积的80%，而北方甘薯的平均亩产大概是3.09石，南方甘薯的平均亩产大概是3.84石，加权平均后得到全国的甘薯平均亩产约是3.69石（3.09×20%+3.84×80%）。甘薯全国耕种面积为2 700万亩，故总产量为9 963万石。不过遗憾的是，玉米和甘薯的平均亩产无法找到年度序列数据，只能使用总产量与时间的交互项考察其对农民战争的作用。

4.2 清代农民战争的基本概况

清代（1644—1911）268年间，一共发生了196次农民战争，平均1.37年即499天就发生一次农民战争，发生频率远远高于秦代到清代的平均值。反对清朝统治的第一次农民战争是1644年发生的大顺农民军潼关抗清之战①，最后一次农民战争是1904年发生的广西会党及士兵起义，咸丰朝是农民战争的高发期，具体起义如表4-2所示。

表4-2 清代农民战争记录

发生年份	农民战争名称	发生年份	农民战争名称
1644	大顺农民军潼关抗清之战	1644	高密张舆起义
1644	满家洞农民起义	1644	青州秦尚行、葛东方起义
1644	青州赵应元起义	1644	山东榆园农民军起义

① 大顺农民军潼关抗清之战应该为清代的第一次农民起义，这是李自成退守西安后，在1644年12月与清军发生的一次正面战争。此前与吴三桂山海关一战，应该看作明代的农民起义，因为当时吴三桂是代表明王朝作战的，后来才向清朝割地乞师。

（续）

发生年份	农民战争名称	发生年份	农民战争名称
1644	九山王俊起义	1657	赣浙闽边区农民魏福贤起义
1644	内黄王鼎铉起义	1657	福建左龙坊农民起义
1644	大名苏自兴起义	1657	广西瑶侗族人民起义
1645	徐州任应乾起义	1659	河南新蔡李奇生抗清起义
1645	朔州教民起义	1659	云南元江土司那嵩抗清之战
1645	太湖渔民起义	1659	贵州土司冯天裕起义抗清
1645	昆山士民抗清起义	1661	山东于七起事抗清
1645	蕲黄四十八砦农民起义	1663	广东渔民周玉起义抗清
1646	徐州吴任之起义	1663	夔东十三家起义军进攻巫山之战
1646	泖湖钱应魁起义	1664	夔东十三家起义军李来亨茅麓山抗清
1646	池州农民起义	1671	清军袭击吕梁山农民军之战
1646	高苑谢迁起义	1674	湖北麻城农民起义
1646	孙守清抗清汉中之战	1677	江西杨玉泰起义
1646	大西军抗清西充之战	1705	昆明李天极、朱六非起事
1646	兴国柯抱冲起义	1707	贵州苗民黄柱汉起义
1646	兖州农民起义	1708	浙江天地会张念一起义
1647	淮安盐民起义	1710	福建陈五显起义
1648	天津张氏起义	1721	台湾朱一贵起义
1648	江西棚民朱益吾起义	1732	台湾林武力吴福生起义
1649	安徽英霍山寨士民起义	1770	台湾黄教起义
1649	甘肃回民米喇印、丁国宝起义	1774	山东王伦起义
1649	吕梁农民反清忻口、晋祠之战	1781	四川胡范年起义
1649	吕梁农民反清临晋汾州之战	1786	台湾林爽文起义
1651	四明山王翊起义	1795	湘黔苗民起义
1654	湖南红头军起义	1796	白莲教起义——达州东乡之战
1657	广东王兴起义	1796	白莲教起义——孝感枣阳之战

（续）

发生年份	农民战争名称	发生年份	农民战争名称
1797	白莲教起义——回师襄阳之战	1850	太平天国金田起义蔡江村之战
1797	贵州布依族妇女王囊仙起义	1851	太平天国金田起义江口圩之战
1798	白莲教起义——三岔河之战	1851	太平天国金田起义三里圩之战
1798	白莲教起义——大鹏寨之战	1851	太平天国金田起义中坪圩之战
1799	白莲教起义——苍溪之战	1851	太平天国金田起义双髻山之战
1800	白莲教起义——高院场之战	1851	太平天国金田起义官村之战
1800	白莲教起义——马蹄岗之战	1851	太平天国攻克永安之战
1800	白莲教起义——马家营之战	1851	太平天国永安保卫战
1802	云南傈僳族恒乍绷起义	1852	太平天国永安突围之战
1813	陕西岐山伐木工人起义	1852	太平天国攻桂林之战
1813	天理教李文成、林清起义	1852	太平天国蓑衣渡之战
1821	云南永北厅彝族人民起义	1852	太平天国攻长沙之战
1832	湖南瑶民赵金龙起义	1852	太平天国攻克岳州之战
1832	广东连州八排瑶民起义	1852	太平天国攻克武昌之战
1832	台湾天地会张丙、陈办起义	1852	广西天地会吴凌云起义
1835	山西先天教曹顺起义	1852	广西天地会朱洪英起义
1836	湖南瑶民兰正樽起义	1853	太平天国攻克江宁之战
1842	湖北钟人杰起义	1853	太平天国天京外围镇江、扬州之战
1843	湖南曾如炷起义	1853	太平天国西征安庆、南昌之战
1844	湖南杨大鹏起义	1853	太平天国北伐怀庆之战
1844	台湾洪协起义	1853	太平天国北伐临洺关之战
1846	湖南王宗献起义	1853	太平天国北伐静海独流之战
1847	湖南雷再浩、李沅发起义	1853	太平天国西征田家镇之战
1848	江苏金德润起义	1853	太平天国天京外围三汊河之战
1849	湖南李沅发起义	1853	太平天国西征庐州之战
1850	太平天国金田起义思旺墟之战	1853	福建小刀会起义

（续）

发生年份	农民战争名称	发生年份	农民战争名称
1853	福建红钱会起义	1858	清军攻太平军九江之战
1853	郴州天地会起义	1858	清军攻太平军吉安之战
1853	上海小刀会起义	1858	太平天国第二次破清军江北大营之战
1854	广东天地会陈开起义	1858	太平天国庐州三河之战
1854	太平天国西征黄州之战	1858	张秀眉起义镇远沅州之战
1854	太平天国北伐援军临清冠县之战	1858	贵州白、黄号军起义
1854	太平天国西征靖港、湘潭之战	1858	贵州白旗起义
1854	太平天国北伐连镇、高唐之战	1859	贵州号军起义鱼塘坳、贵阳之战
1854	太平天国西征岳州、城陵矶之战	1860	兰朝鼎、李永和起义
1854	太平天国西征二次武昌之战	1860	太平天国第二次破清军江南大营之战
1854	太平天国西征第二次田家镇之战	1860	太平天国东征苏、常之战
1854	贵州布依族杨元保起义	1860	太平天国第一次进攻上海之战
1854	贵州杨隆喜舒裁缝起义	1860	太平天国第二次西征之战
1855	太平天国西征湖口之战	1861	太平天国安庆保卫战
1855	太平天国西征第三次攻武昌之战	1861	太平天国攻克宁波、杭州之战
1855	太平天国西征樟树镇之战	1861	鲁西八卦教起义
1855	清军反攻太平军武汉之战	1861	金钱会起义
1855	贵州红号军起义思南之战	1862	太平天国第二次进攻上海之战
1855	贵州苗族张秀眉起义	1862	太平天国远征西北之战
1856	太平天国破清军江北大营之战	1862	太平天国天京解围之战
1856	太平天国破清军江南大营之战	1862	台湾戴万生起义
1856	云南回民起义围攻昆明之战	1862	陕西回民任武起义
1856	云南哀牢山彝民起义	1862	贵州侗族起义天柱九龙山之战
1857	太平军进军湖北之战	1863	太平天国攻清军绍兴之战
1857	清军攻太平军占镇江之战	1863	太平天国石达开三路攻川之战
1857	太平天国石达开远征之战	1863	清军攻太平军占苏州之战

（续）

发生年份	农民战争名称	发生年份	农民战争名称
1863	清军攻太平军占嘉兴、杭州之战	1867	东捻军安陆、尹隆河之战
1863	清军攻太平军占常州之战	1867	东捻军运河以东之战
1863	捻军起义雉河集之战	1867	西捻军渭北、陕北之战
1863	宋景诗起义	1867	云南回民起义军杜文秀东征之战
1863	陕西回民起义同州之战	1868	西捻军黄河以北之战
1863	甘肃青海回民起义反清之战	1868	贵州号军起义上大平之战
1864	清军攻占太平天国天京之战	1869	甘肃回民马仕龙起义金积堡之战
1864	西北太平军东下鄂东之战	1871	甘肃回民马占鳌起义河州之战
1864	天京失手后太平军在赣闽粤地区之战	1871	云南回民起义大理保卫战
1864	清军攻兰大顺鳌屋之战	1872	甘肃回民起义西宁之战
1864	贵州侗族起义江口屯之战	1873	甘肃回民起义肃州之战
1865	捻军起义高楼寨之战	1875	宋三好起义
1866	捻军起义突破清军河防之战	1875	清军入越南镇压黄崇英之战
1866	贵州号军起义荆竹园之战	1889	台湾施九段起义
1867	张秀眉起义黄飘及乌鸦坡之战	1890	四川大足余栋臣起义
1867	清军镇压黔西起义军之战	1891	热河金丹教起义
1867	西捻军与湘军灞桥、十里坡之战	1904	广西会党及士兵起义

数据来源：根据中国军事史编写组《中国历代战争年表（下）》（解放军出版社，2006年版）整理。

4.2.1 农民战争的空间分布

爆发农民战争的省份共有22个，遍布中国的八大区域，分别是西北地区的陕西、甘肃，华东地区的山东、江苏、浙江、安徽、福建、上海，华中地区的河南、湖北、江西、湖南，华北地区的河北、山西、天津，西南地区的四川、云南、贵州，华南地区的广东、广西，东北地区的辽宁，港澳台地区的台湾（表 4-3）。

表 4-3 清代农民战争空间分布统计

省份	所属地区	农民战争次数（次）	比例（%）	排名
陕西	西北	10	5.1	9
山东	华东	14	7.1	5
河南	华中	4	2.0	17
河北	华北	5	2.6	15
江苏	华东	17	8.7	2
山西	华北	6	3.1	14
浙江	华东	7	3.6	13
湖北	华中	20	10.2	1
安徽	华东	11	5.6	8
四川	西南	12	6.1	7
天津	华北	1	0.5	22
江西	华中	8	4.1	10
甘肃	西北	5	2.6	15
湖南	华中	13	6.6	6
广东	华南	4	2.0	17
福建	华东	4	2.0	17
广西	华南	17	8.7	2
云南	西南	8	4.1	10
贵州	西南	17	8.7	2
台湾	港澳台	8	4.1	10
上海	华东	3	1.5	20
辽宁	东北	2	1.0	21

注：行政区域、地区划分均按当今的标准，省份按照第一次农民战争爆发的时间排序。比例是指该省清代农民战争次数占全国清代农民战争总数的比重。

数据来源：根据中国军事史编写组《中国历代战争年表（下）》（解放军出版社，2006 年版）整理。

清代发生农民战争最多的省份是湖北，共发生了20次，占农民战争总数的10.2%，湖北爆发这么多的农民战争，是因为两次影响力较大的农民起义——白莲教起义和太平天国运动的主战场之一都在湖北。并列第二多的有三个省份，分别是江苏、广西和贵州，每个省各发生了17次农民战争，各占农民战争总数的8.7%，江苏、广西成为高发地是因为太平天国运动，江苏的江宁后来更是成了太平天国的天京，而广西是太平天国金田起义的发生地，从而这两省发生农民战争次数比较多；至于贵州，则是苗民起义的主要地区。排在第五到第九的省份分别是山东、湖南、四川、安徽、陕西，农民战争的次数分别为14次、13次、12次、11次、10次，分别占农民战争总数的7.1%、6.6%、6.1%、5.6%、5.1%，这些省份的战争数都在10次以上，山东在历史上的起义都比较频繁；而湖南、四川、安徽、陕西受到太平军和捻军的侵袭，也是战争数量比较多的省份。以上这9个省份的农民战争次数就占了总次数的66.8%。排名倒数前三的分别是天津、辽宁、上海，农民战争次数分别只有1次、2次、3次，在清代，天津属于直隶（河北），上海属于江苏，天津靠近京师北京，属于清王朝重兵把守的区域，起义的风险很高，故此地鲜有农民战争发生；上海自鸦片战争之后成为租界，租界内由各国军队守卫，将起义发展到上海也不是一件容易的事，因此此地的农民起义也比较少；辽宁属于关外地区，清王朝有长城的保护，关外地区要打进中原地区相对困难，且辽宁属于满族人口居多的省份，于是辽宁发生的农民战争也比较少。

如果按区域来看，华东地区的农民战争是最多的，共发生了

56次，占农民战争总数的28.5%；其次是华中地区，共发生了45次战争，占农民战争总数的22.9%；再次是西南地区，共发生了37次战争，占农民战争总数的18.9%。再接下去分别是华南地区、西北地区、华北地区、港澳台、东北地区，农民战争分别发生的次数为21次、15次、12次、8次、2次，分别占农民战争总数10.7%、7.7%、6.2%、4.1%、1.0%（图4-1）。

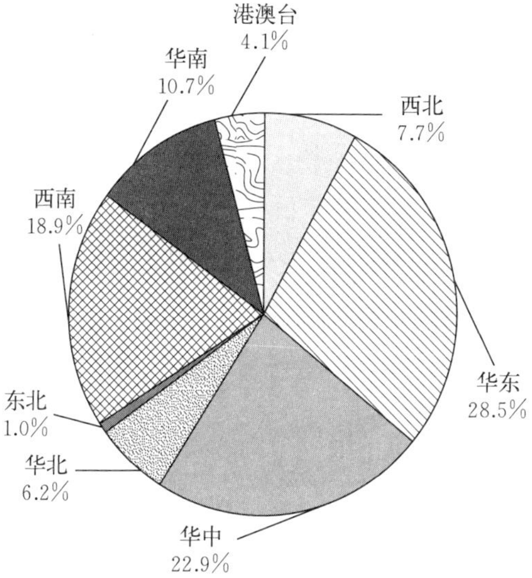

图4-1 清代各地区农民战争所占比重

数据来源：根据中国军事史编写组《中国历代战争年表（下）》（解放军出版社，2006年版）绘制。

4.2.2 农民战争的时间分布

清代虽然是农民战争的高发朝代，但爆发得较为集中，清代268年里只有73年爆发了农民战争，其余的195年没有农民战争。农民战争发生得最多的年份是 1853 年，共发生了 13 次，在整个历史时期排在第二，仅次于隋炀帝在位的 612 年的 16 次；第二多的年份是 1854 年，共发生了 10 次，在整个历史时期排在并列第五；第三多的年份是 1863 年，共发生了 9 次。排在前三的年份正值太平天国运动时期，战争最为频繁，排在前二的年份更是发生在咸丰朝。此外，爆发 8 次农民战争的年份有 2 年（1646 年、1852 年），爆发 7 次战争的年份有 3 年（1851 年、1857 年、1867 年），爆发 6 次战争的年份有 3 年（1644 年、1855 年、1862 年），爆发 5 次战争的年份有 3 年（1645 年、1860 年、1864 年），爆发 4 次战争的年份有 4 年（1649 年、1657 年、1856 年、1861 年），爆发 3 次战争的年份有 3 年（1659 年、1800 年、1857 年），爆发 2 次战争的年份有 12 年，爆发 1 次战争的年份有 40 年。清代农民战争时间分布规律如图 4－2 所示。

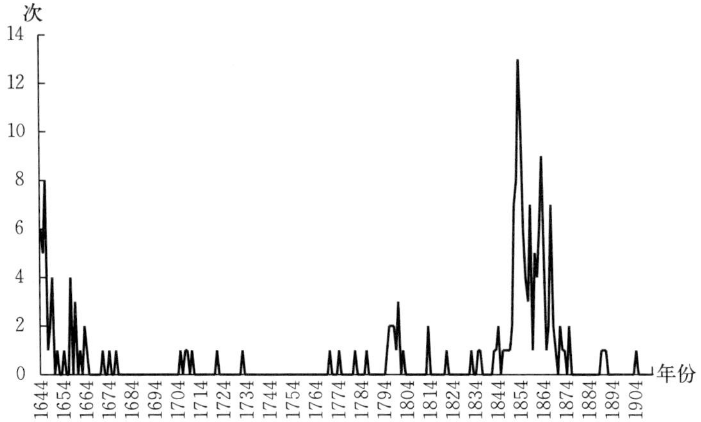

图 4－2　清代农民战争时间分布规律

数据来源：根据中国军事史编写组《中国历代战争年表（下）》（解放军出版社，2006 年版）绘制。

由图 4 - 2 可以看出，清代农民战争有三个波峰，第一个波峰在 1644—1664 年这段区间，这时间段属于清王朝入关初期，南方不少地区都处于动乱之中，不少地方都希望“反清复明”，因此农民战争比较多；第二个波峰在 1795—1802 年这段区间，这时间段正值白莲教起义，但相对而言，这是一个小波峰，战争的数量也不算太多；第三个波峰在 1851—1867 年这段区间，这时间段正值太平天国运动，是整个清代农民战争发生最频繁的时期。

4.2.3 农民战争涉及宗教会党情况

历代发生的农民起义不乏宗教的身影，带有宗教色彩的农民起义，往往有发展规模大、持续时间长、参与人数多的特点。在清代总共 196 次农民战争中，有 106 次带有宗教成分，占战争总数的 54.1%，主要涉及的宗教会党分别是天地会、清水教、白莲教、天理教、先天教、青莲教、拜上帝教、小刀会、红钱会、花灯教、八卦教、金钱会、哥老会、金丹教、其他，总共 15 种宗教会党。农民战争涉及宗教的统计情况如表 4 - 4 所示。

表 4 - 4　清代农民战争涉及宗教会党情况分析

宗教会党	次数（次）	比例（%）	涉及宗教会党的农民战争省份
天地会	11	10.38	浙江、台湾、湖北、广西、湖南、广东、贵州
清水教	1	0.94	山东
白莲教	9	8.49	四川、湖北、陕西
天理教	1	0.94	河北

（续）

宗教会党	次数（次）	比例（%）	涉及宗教会党的农民战争省份
先天教	1	0.94	山西
青莲教	2	1.89	湖南
拜上帝教	61	57.55	广西、湖南、湖北、江苏、安徽、山西、河北、江西、浙江、上海、河南、四川
小刀会	2	1.89	福建、上海
红钱会	1	0.94	福建
花灯教	5	4.72	贵州
八卦教	2	1.89	山东
金钱会	1	0.94	浙江
哥老会	1	0.94	四川
金丹教	1	0.94	辽宁
其他	7	6.60	山西、江苏、福建、云南、湖南、贵州、广西

注：行政区域、地区划分均按当今的标准，宗教会党按照第一次涉及该宗教会党的农民战争爆发的时间来排，省份的排列也以第一次涉及该宗教的农民战争爆发的时间为序。“其他”这一类别是指利用了宗教发动战争，但无法明确是哪个宗教。比例是指涉及该宗教会党的农民战争占带有宗教成分的农民战争总数（106 次）的比重。

数据来源：根据中国军事史编写组《中国历代战争年表（下）》（解放军出版社，2006 年版）整理。

拜上帝教无疑是影响力最大的宗教，与拜上帝教有关的战争共有 61 次，占带有宗教成分的农民战争总数的 57.55%，遍布广西、湖南、湖北、江苏、安徽、山西、河北、江西、浙江、上海、河南、四川 12 个省份，包括华南、华中、华东、华北、西南五个地区。其次是天地会，天地会成员发动的战争共有 11 次，占带有宗教成分的农民战争总数的 10.38%，遍布浙江、台湾、湖北、广西、湖南、广东、贵州 7 个省份，可见天地会发动的农民战争也颇具规模。再次就是白莲教，白莲教教徒发动的战争共有9次，占带有宗教成分的农民战争总数的8.49%[①]，但白莲教的活动范围集中在四川、湖北、陕西，较拜上帝教和天地会要窄。与拜上帝教、天地会和白莲教有关的农民战争共81次，占带有宗教成分的农民战争总数的76.42%。至于其他宗教会党，除了花灯教教徒发动了5次农民战争，清水教、天理教、先天教、红钱会、金钱会、哥老会、金丹教均只发动过1次战争，青莲教、小刀会、八卦教也仅仅发动了2次战争，因此这些宗教会党的活动，并没有给清政府带来太多的麻烦（图4-3）。

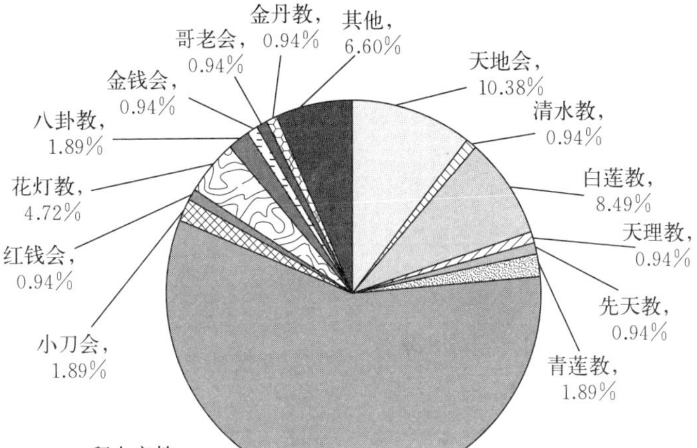

图4-3 清代农民战争所涉宗教会党情况

数据来源：根据中国军事史编写《中国历代战争年表（下）》（解放军出版社，2006年版）绘制。

① 清水教、天理教、八卦教都是白莲教的支派，算上支派发动的战争，与白莲教有关的战争共有13次。

4.2.4 农民战争的少数民族参与情况

清代的农民战争除了汉族参与，也有不少由少数民族发动或参与的。在清代 196 次农民战争中，有 32 次是由少数民族发动或参与的，仅占总数的 16.3%，这个比例不算太高，如表 4-5 所示。

表 4-5 清代农民战争中的少数民族参与情况

少数民族	次数（次）	比例（%）	宗教	省份
回族	12	37.5	0	甘肃、云南、贵州、陕西
瑶族	4	12.5	其他、青莲教（2 次）	湖南、广东
苗族	4	12.5	0	贵州、湖南
布依族	2	6.3	0	贵州
傈僳族	1	3.1	0	云南
彝族	2	6.3	0	云南
壮族	1	3.1	天地会（1 次）	广西
侗族	4	12.5	天地会（2 次）	贵州
瑶族和侗族	1	3.1	0	广西
苗族、瑶族和壮族	1	3.1	其他（1 次）	广西

注：行政区域、地区划分均按当今的标准，民族的排列是先排由单一少数民族发动的农民战争，再排多民族发动的农民战争，按照农民战争爆发的时间为序。省份的排列是按照该省所涉第一次少数民族参与的农民战争的爆发时间为序。比例是指占由少数民族发动或参与的农民战争总数的比重。

数据来源：根据中国军事史编写组《中国历代战争年表（下）》（解放军出版社，2006 年版）整理。

在由少数民族发动或参与的农民战争中，有 30 次是单一的少数民族发动的，只有 2 次是由两个及以上的少数民族所发动。

回族发动的农民战争是最多的，共有 12 次，占由少数民族发动或参与的农民战争总数的 37.5%，爆发的省份为甘肃、云南、贵州、陕西。瑶族、苗族和侗族分别发动了 4 次农民战争，仅次于回族，分别占由少数民族发动或参与的农民战争总数的 12.5%，爆发的省份分别为湖南、广东，贵州、湖南，贵州。此外，布依族和彝族分别发动了 2 次农民战争，分别占由少数民族发动或参与的农民战争总数的 6.3%；傈僳族、壮族、瑶侗族联合、苗瑶壮族联合分别发动了 1 次农民战争，分别占由少数民族发动或参与的农民战争总数的 3.1%。不难发现，少数民族发动或参与的农民战争多发于广西、云南、贵州、陕西、甘肃等非中原地区的省份，这与由汉族发动的农民战争在地域上有很大的区别。此外，少数民族发动或参与的农民战争带有宗教成分的共有 6 次，分别是瑶族（2 次）参与其他宗教和青莲教，壮族（1 次）参与天地会，侗族（2 次）参与天地会，苗瑶壮族联合（1 次）参与其他宗教。少数民族发动或参与的农民战争结构如图 4-4 所示。

4.2.5 农民战争的持续时间

清代的农民战争持续时间差异巨大，最短的只持续 1 天，最长的持续了 28 年。但是，这并不代表持续时间短的战争就对农民军不利，例如太平军的罗大纲只用一天就攻克了永安府，持续时间长的有可能是因为农民军的实力较弱，主要采用游击战术和清军周旋。农民战争的持续时间呈正态分布，如表 4-6 所示。

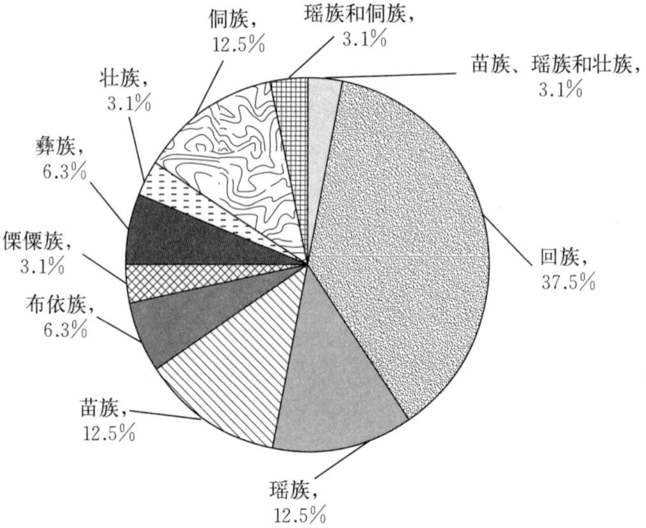

图 4-4　清代各少数民族发动或参与农民战争次数占少数民族发动农民战争总数的比例

数据来源：根据中国军事史编写组《中国历代战争年表（下）》（解放军出版社，2006年版）绘制。

表 4-6　清代农民战争的持续时间

持续时间	频数（次）	占农民战争总数的比例（%）	说明
1个月内	23	11.7	数据含“1个月”“1个月左右”
1～3个月	38	19.4	数据不含1个月、含3个月
3个月～1年	45	23.0	数据不含3个月、含1年
1～3年	40	20.4	数据不含1年、含3年
3～10年	25	12.8	数据不含3年，含10年、数年
10年以上	11	5.6	数据不含10年
不详	14	7.1	未明确标注起止时间的农民战争

数据来源：根据中国军事史编写组《中国历代战争年表（下）》（解放军出版社，2006年版）整理。

农民战争的持续时间为 3 个月～1 年的频数最多，有 45 次，占农民战争总数的 23.0%；持续时间为 1～3 年的频数次之，有 40 次，占农民战争总数的 20.4%；持续时间为 1～3 个月的频数再次之，有 38 次，占农民战争总数的 19.4%；之后是持续时间为 3～10 年、1 个月内、10 年以上的农民战争[①]，其频数分别为 25 次、23 次、11 次，分别占农民战争总数的 12.8%、11.7%、5.6%。可以看到，多数的农民战争持续了 3 个月至 1 年（图 4－5、图 4－6）。

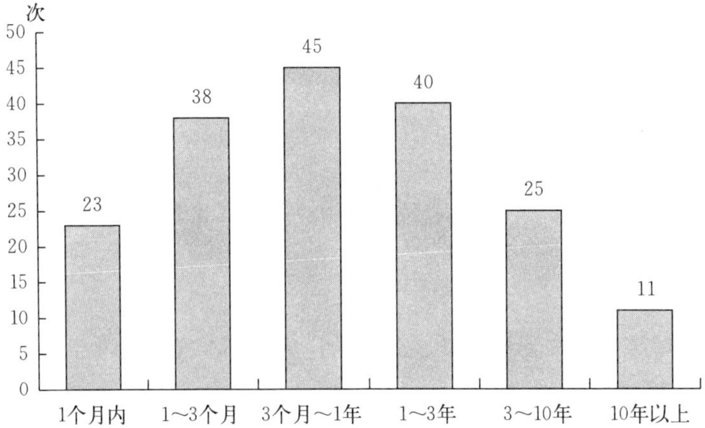

图 4－5　清代农民战争持续时间分布直方图

数据来源：根据中国军事史编写组《中国历代战争年表（下）》（解放军出版社，2006 年版）绘制。

4.2.6　农民战争的结果

中国历史上，农民起义最终取得成功并能取代前朝政权的只

---

① 不将持续时间不详的农民战争进行排序。

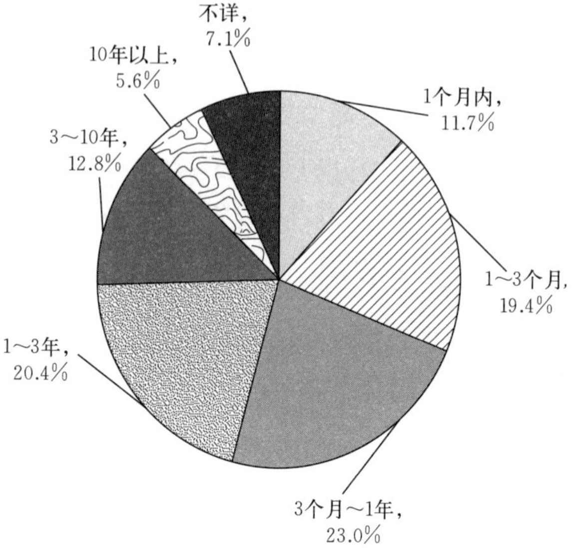

图 4-6　清代农民战争持续时间所占比例结构

数据来源：根据中国军事史编写组《中国历代战争年表（下）》（解放军出版社，2006 年版）绘制。

有刘邦起义和朱元璋起义。一方面，农民军与王朝的军队实力对比过于悬殊，要取得起义最终的成功难度极大；另一方面，农民军小农经济生产方式和落后的生产力水平，有一定制约性。在清代，如果以农民战争为基本单位，有些农民战争还是取得了一定的战果。在清代 196 次农民战争中，农民军取得了 43 次战争胜利，占农民战争总数的 21.9%；有 38 次战争农民军处于“劣势”，占农民战争总数的 19.4%；有 115 次农民军战败，占农民战争总数的 58.7%（图 4-7）。

农民战争的战败、劣势与胜利做如下定义。如果清朝军队剿灭了农民军的主要领袖，而且消灭了农民军主力，就算作该农民战争失败；如果清朝军队剿灭了农民军的主要领袖，但没有消灭了农民军主力，或者农民军领袖存活，只是损失了部分兵力，也就是余部还坚持战斗，则该农民战争的结果为劣势；如果农民军进攻清军时消灭了大部分兵力，或者击毙清军主要将领，或者在防御战中成功守住城池，就算作该农民战争胜利。

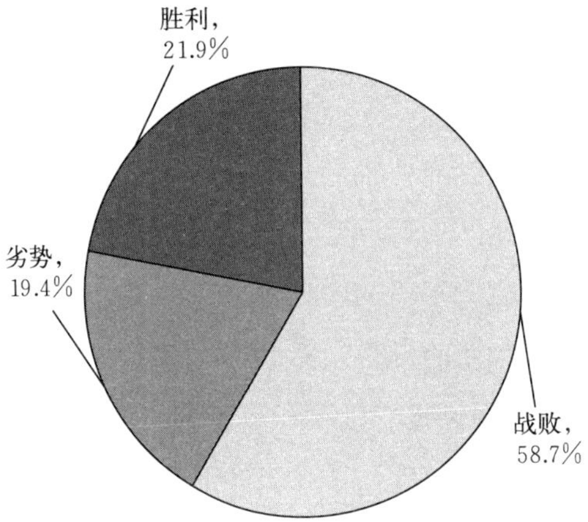

图 4－7　清代农民战争的结果

数据来源：根据中国军事史编写组《中国历代战争年表（下）》（解放军出版社，2006 年版）绘制。

值得注意的是，如果考虑宗教对战争结果的影响，在利用宗教发动的 106 次战争中，农民军取得 36 次胜利，25 次劣势，45 次战败；而没有利用宗教发动的 90 次战争中，农民军只取得 7 次胜利，14 次劣势，却有 69 次战败。可以看到，利用了宗教发动的战争，取得了更辉煌的战绩，宗教对战争结果有一定的作用。这符合假说三的结论。

如果考虑民族对战争结果的影响，在由少数民族发动或参与的32次战争中，农民军取得4次胜利，6次劣势，22次战败，胜率仅为12.5%；只有汉族发动或参与的164次战争中，农民军取得39次胜利，32次劣势，93次战败，胜率为23.8%。可见，少数民族参与农民战争并不能取得更辉煌的战果。

4.3 气候冲击与农民战争

古代中国是一个农业社会，农业属于“看天吃饭”的行业，本节研究的内容是“天”，即气候冲击对农民战争的影响。清代属于我国历史上较为寒冷的时期（方修琦等，2015），也是自然灾害的高发期，频繁的自然灾害是导致战乱的因素之一。本节先阐述清代13种自然灾害、饥荒和赈灾的情况，然后对气候冲击和农民战争进行相关分析。

4.3.1 气候冲击概况

（1）农业气象灾害。在13种自然灾害中，水灾无疑是发生最频繁的灾害。如表4-7所示，在清代268年间，一共发生了1 995次水灾，其中713次水灾发生后进行了赈灾，灾后赈灾比例达到35.7%；且每年都有水灾发生，这是13种自然灾害中唯一每年都爆发的灾害。水灾的无赈灾年数有116年，全赈灾年数只有4年，但所幸的是，一年中赈灾比例不低于50%者达到86次，在13种灾害中最多。

表 4-7 清代自然灾害和饥荒统计

气候冲击	总次数（次）	无赈灾次数（次）	有赈灾次数（次）	赈灾比例（%）	无灾害年数（年）	无赈灾年数（年）	全赈灾年数（年）	一年中赈灾比例不低于50%的次数（次）
水灾	1 995	1 282	713	35.7	0	116	4	86
旱灾	850	574	276	32.5	20	148	7	70
风灾	396	343	53	13.4	63	169	10	31
雹灾	462	312	150	32.5	84	112	23	58
雪灾	53	49	4	7.5	222	42	3	3
霜灾	140	112	28	20.0	170	74	12	20
低温类灾害	24	23	1	4.2	247	20	1	1
蝗灾	184	166	18	9.8	163	90	7	12
虫灾	55	41	14	25.5	218	38	10	12

（续）

气候冲击	总次数（次）	无赈灾次数（次）	有赈灾次数（次）	赈灾比例（%）	无灾害年数（年）	无赈灾年数（年）	全赈灾年数（年）	一年中赈灾比例不低于 50%的次数（次）
鼠兽鸟害	25	25	0	0	244	24	0	0
畜疫	1	1	0	0	267	1	0	0
沙尘暴	152	151	1	1.0	152	115	1	1
水土流失	36	13	23	63.9	238	10	19	19
饥荒	1 013	346	667	65.8	4	19	42	199

注：

1）水灾、旱灾、风灾、雹灾、雪灾、霜灾和低温类灾害属于农业气象灾害；蝗灾、虫灾、鼠兽鸟害和畜疫属于农业生物灾害；沙尘暴和水土流失属于农业环境灾害。饥荒属于气候冲击带来粮食短缺的后果。

2）总次数是指发生该类自然灾害的总数，等于无赈灾次数与有赈灾次数的总和；无赈灾次数是指该灾害发生但没有赈灾的次数；有赈灾次数是指该灾害发生而且有赈灾的次数；赈灾比例是指有赈灾次数与总次数之比；无灾害年数是指一年中某种自然灾害的总次数为 0 的次数；无赈灾年数是指一年中某种自然灾害发生了但没有一次被赈灾的次数；全赈灾年数是指一年中某种自然灾害发生了而且都被赈灾的次数；一年中赈灾比例不低于 50%次数是指一年中发生了自然灾害，而且被赈灾的次数不少于无赈灾的次数。

数据来源：根据张波等《中国农业自然灾害史料集》（陕西科学技术出版社，1994 年版）整理。

旱灾是发生第二频繁的灾害。在清代 268 年间，一共发生了 850 次旱灾，其中 276 次旱灾发生后进行了赈灾，赈灾比例达到 32.5%。类似于水灾，旱灾也发生得较为频繁，同时也是赈灾比例较高的灾害。清代有 20 年没发生旱灾，无赈灾年数有 148 年，全赈灾年数只有 7 年，一年中赈灾比例不低于 50%者达到 70 次，可见旱灾也是清朝较为重视的灾害。

风灾和雹灾也算发生较为频繁的自然灾害，风灾发生了 396 次，雹灾发生 462 次。风灾有 53 次进行了灾后赈灾，赈灾比例仅为 13.4%，而雹灾有 150 次进行了灾后赈灾，赈灾比例与旱灾相当，达到 32.5%；风灾的无赈灾年数为 169 年，全赈灾年数为 10 年，一年中赈灾比例不低于 50%者达到 31 次；雹灾的无赈灾年数为 112 年，全赈灾年数为 23 年，一年中赈灾比例不低于 50%者达到 58 次。这说明雹灾的直接破坏力更强，清朝在赈灾方面做了更多的努力。此外，清代有 63 年没发生风灾、84 年没发生雹灾，说明雹灾比风灾发生得更为集中。

霜灾一共发生了 140 次，发生频率属于中等频繁的自然灾害，其中 28 次霜灾发生后进行了赈灾，赈灾比例为 20.0%。在清代 268 年间，有 170 年没发生过霜灾，说明大部分年份都没有发生霜灾。无赈灾年数为 74 年，全赈灾年数为 12 年，一年中赈灾比例不低于 50%者达到 20 次。

雪灾和低温类灾害则属于不常发生的自然灾害。清代只发生过 53 次雪灾，只有 4 次雪灾发生后进行了赈灾，赈灾比例只有 7.5%；低温类灾害只发生了 24 次，仅有 1 次进行了灾后赈灾，赈灾比例只有 4.2%，在有赈灾记录的自然灾害中，赈灾比例仅高于沙尘暴。没发生过雪灾的年数达到222年，没发生过低温类灾害的年数更是达到247年，因此，对于低频率的自然灾害，“无赈灾年数”“全赈灾年数”和“一年中赈灾比例不低于50%的次数”分析意义不大。

（2）农业生物灾害。蝗灾共发生了184次，在农业生物灾害中发生的次数最多，属于中等频繁的灾害。只有其中的18次被赈灾，另外的166次没有被赈灾，赈灾比例仅为9.8%，可以看出，朝廷对蝗灾的赈灾主要集中在严重的蝗灾上。没有发生蝗灾的年数有163年，无赈灾年数、全赈灾年数分别为90年、7年，一年中赈灾比例不低于50%的次数有12次。

虫灾共发生了55次，其中14次虫灾发生后进行了赈灾，赈灾比例高达25.5%。由此可见，赈灾比例是比较高的，和蝗灾类似，朝廷对虫灾的赈灾也集中于严重的虫灾。和虫灾一样，鼠兽鸟害和畜疫都是不常见灾害，爆发的频率较低。鼠兽鸟害只发生了25次，畜疫更是只发生了1次，这两类灾害是没有被赈灾的灾害，说明这两类灾害并未受到清政府的重视。

（3）农业环境灾害。沙尘暴共发生了152次，在农业环境灾害中发生的次数最多，属于中等频繁的灾害。但是只有1次被赈灾，赈灾比例不足1%，在有赈灾记录的自然灾害中，沙尘暴是赈灾比例最低的灾害。清代有152年没有发生过沙尘暴，无赈灾年数有115年，全赈灾年数仅1年。

水土流失是值得关注的自然灾害，虽然整个清代只发生过36次，属于不常发生的自然灾害，但却有23次水土流失发生后进行了赈灾，赈灾比例达到63.9%，是13种自然灾害中赈灾比例最高的，也是唯一的一种灾后赈灾比例超过50%的。清代有238年没有发生水土流失，无赈灾年数有10年，全赈灾年数却有19年，一年中赈灾比例不低于50%者有19次。

（4）饥荒。严格来说，饥荒不是一种自然灾害，而是自然灾害导致的经济冲击。清代268年间，仅有4年没有发生饥荒，一共发生了1 013次饥荒，其中667次饥荒发生后进行了赈灾，赈灾比例高达65.8%。可以看出，清政府对于气候冲击导致的经济冲击非常重视，因为饥荒极可能直接导致起义。饥荒的无赈灾年数有19年，全赈灾年数却有42年，一年中赈灾比例不低于50%者达199次。这说明清政府基本每年都会赈灾。

4.3.2　气候冲击与农民战争关联性分析

（1）灾害总数与农民战争的关系。从图4-8可看出，灾害总数存在一个最明显的波峰，大概在1736—1765年，这一时段中的不少年份一年内的灾害数量在30次以上；还有一个较小的波峰，大概在1832—1849年，这一时段中的不少年份一年内的灾害数量在20次以上。清代268年间共发生了4 373次自然灾害，平均每年发生16.3次灾害。

一个有趣的现象是，灾害总数这两个波峰与农民战争的三个波峰均不重合，自然灾害发生得不算频繁的清初，农民战争却相对频繁；灾害最高波峰期（1736—1765年），却处于乾隆朝最繁

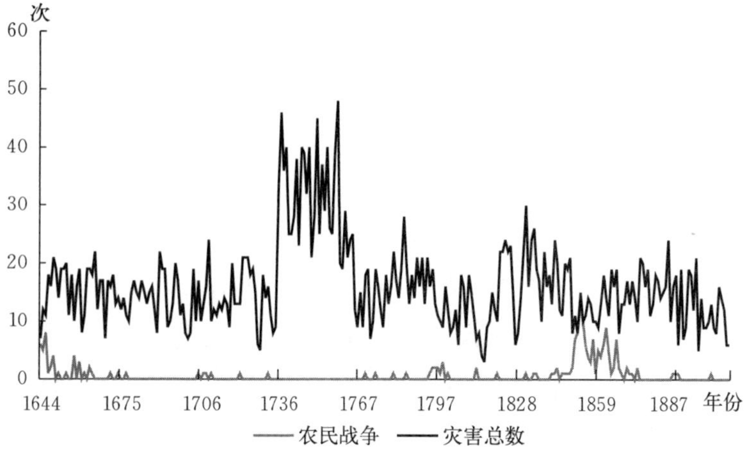

图 4-8　清代灾害总数与农民战争数量关系

数据来源：根据中国军事史编写组《中国历代战争年表（下）》（解放军出版社，2006 年版）、张波等《中国农业自然灾害史料集》（陕西科学技术出版社，1994 年版）绘制。

盛的时期，这段时间竟然一次农民战争也没有发生，直到 1765 年的 30 多年后才发生了白莲教起义，可以认为白莲教起义与这段时间的灾害无关；灾害的次波峰期（1832—1849 年），也仅仅发生了 11 次农民战争。可以初步认为，自然系统的自然灾害并不能直接导致农民起义，很可能只有在气候冲击影响到农业社会的经济系统并削弱国家能力时，才有可能导致农民起义。

赈灾可以作为国家能力的代理变量之一，只有当国家能力比较强的时期，赈灾才有可能开展。由图 4-9 可以看出，赈灾总数也有 4 个波峰。最高的波峰是 1736—1765 年，这个波峰与灾害总数的波峰完全重叠，这似乎可以解释为什么这段灾害高发期没发生农民战争了——赈灾起着关键作用；其余的 3 个波峰分别是 1770—1795 年、1822—1849 年、1876—1911 年，刚好这三个时期几乎没有发生大规模的农民战争。而农民战争的三个波峰（1644—1664 年、1795—1802 年、1851—1867 年），都不在赈灾总数的波峰范围内，这进一步印证了经济冲击才是导致农民战争的原因。清代 268 年间共进行了 1 281 次对自然灾害的赈灾（不包括对饥荒的赈灾），平均每年进行 4.8 次赈灾。

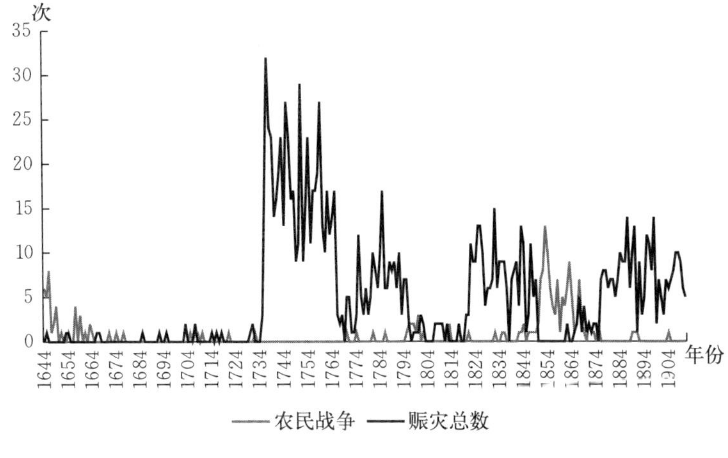

图 4-9　清代赈灾总数与农民战争数量关系

数据来源：根据中国军事史编写组《中国历代战争年表（下）》（解放军出版社，2006 年版）、张波等《中国农业自然灾害史料集》（陕西科学技术出版社，1994 年版）绘制。

气候冲击并不能直接导致农民起义，还可以从无赈灾的灾害总数与农民起义的关系图中得到印证。无赈灾总数只有一个不太明显的波峰期（1748—1759 年），总体上在 1759 年前的无赈灾总数要比 1759 年后的要多。但是，清后期（1840—1911 年）的农民战争明显要比前期的多（图 4－10）。

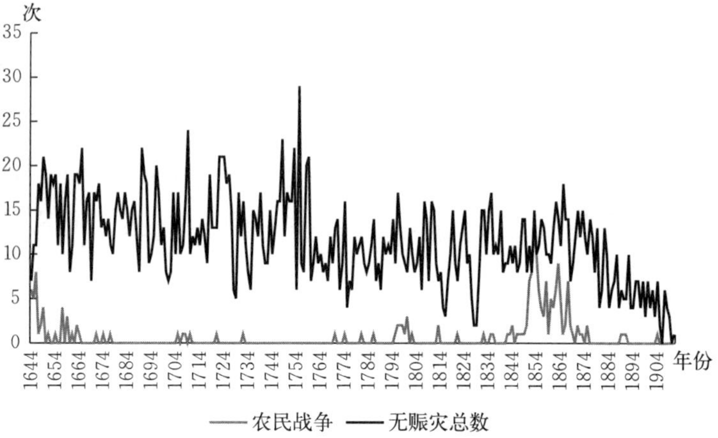

图 4－10　清代无赈灾总数与农民战争数量关系

数据来源：根据中国军事史编写组《中国历代战争年表（下）》（解放军出版社，2006 年版）、张波等《中国农业自然灾害史料集》（陕西科学技术出版社，1994 年版）绘制。

（2）不同自然灾害与农民战争的关系。如果分灾害种类来探讨气候冲击与农民战争的关联，不难发现水灾和旱灾有相似的规律，风灾和雹灾有相似的规律，霜灾、蝗灾和沙尘暴有相似的规律，雪灾和低温类灾害有相似的规律，鼠兽鸟害和畜疫有相似的规律，虫灾和水土流失有相似的规律。

① 水灾、旱灾与农民战争的关系。这两种灾害属于最为频繁的灾害，赈灾在乾隆朝达到顶峰，无赈灾的水灾和旱灾都呈较均匀的分布，灾害总数的分布图与赈灾分布图较为相似，说明赈灾力度比较大（图 4－11、图 4－12）。

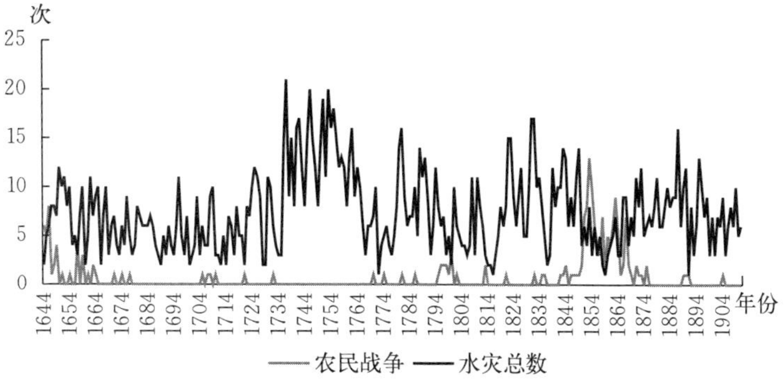

a 水灾总数与农民战争

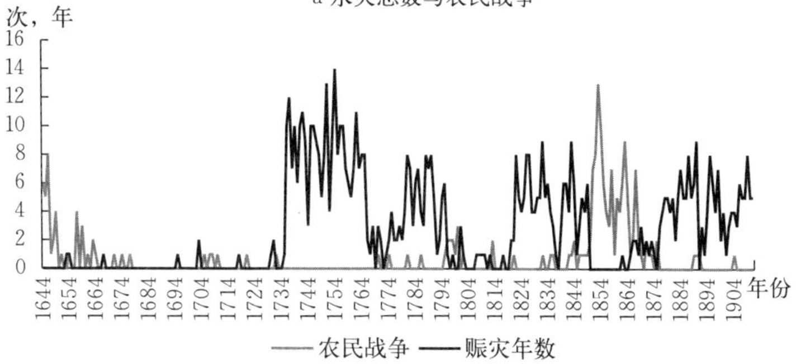

b 水灾赈灾年数与农民战争

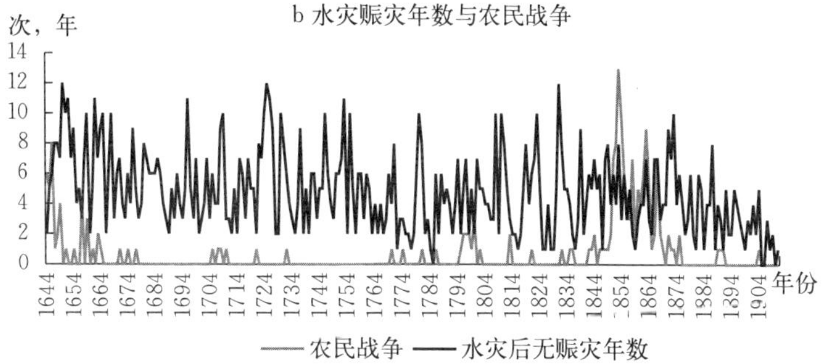

c 水灾后无赈灾年数与农民战争

图 4-11 清代水灾与农民战争关系

数据来源：根据中国军事史编写组《中国历代战争年表（下）》（解放军出版社，2006 年版）、张波等《中国农业自然灾害史料集》（陕西科学技术出版社，1994 年版）绘制。

② 风灾、雹灾与农民战争的关系。这两种灾害属于较频繁的灾害，赈灾也在乾隆朝达到顶峰，但相较于水灾、旱灾，波峰没有那么明显了，且赈灾年数明显减少。与水灾、旱灾不同的是，无赈灾年数在 18 世纪中前期存在一个波峰，灾害总数的分布图与无赈灾年数分布图较为相似（图 4－13、图 4－14）。

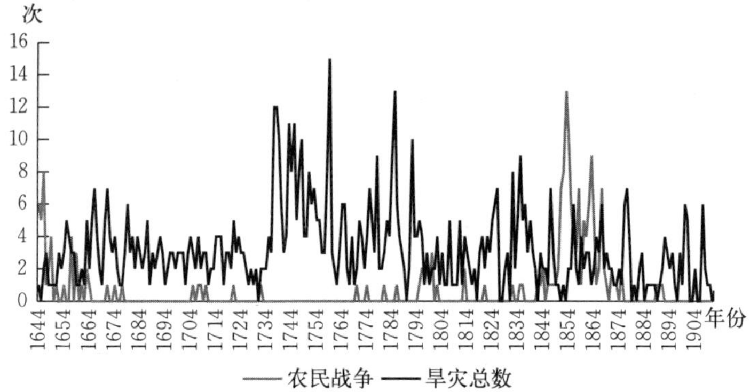

a 旱灾总数与农民战争

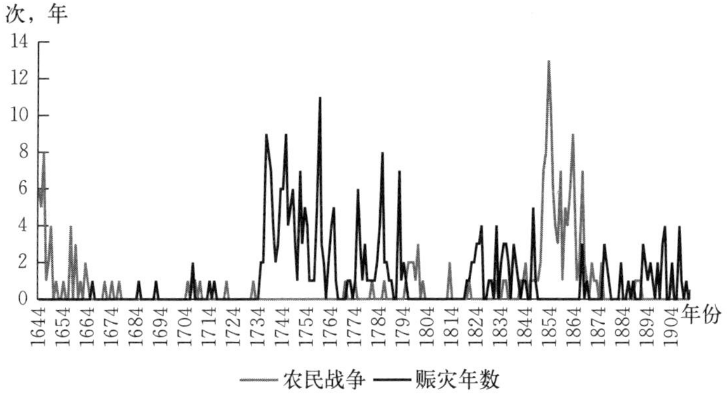

b 旱灾赈灾年数与农民战争

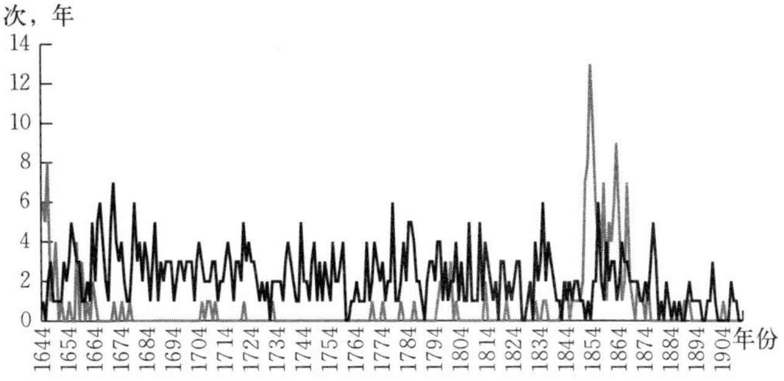

c 旱灾后无赈灾年数与农民战争

图 4-12 清代旱灾与农民战争关系

数据来源：根据中国军事史编写组《中国历代战争年表（下）》（解放军出版社，2006 年版）、张波等《中国农业自然灾害史料集》（陕西科学技术出版社，1994 年版）绘制。

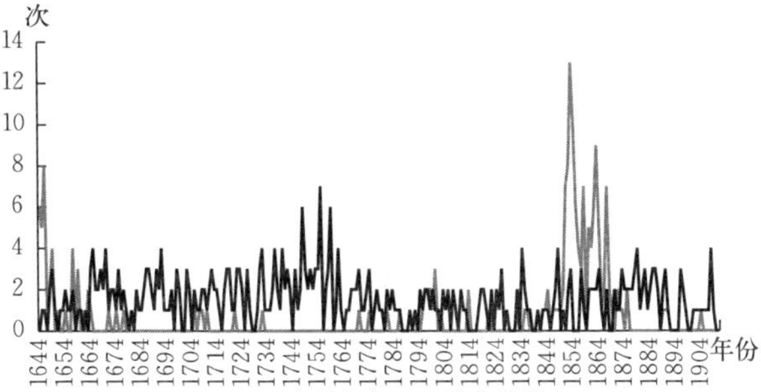

a 风灾总数与农民战争

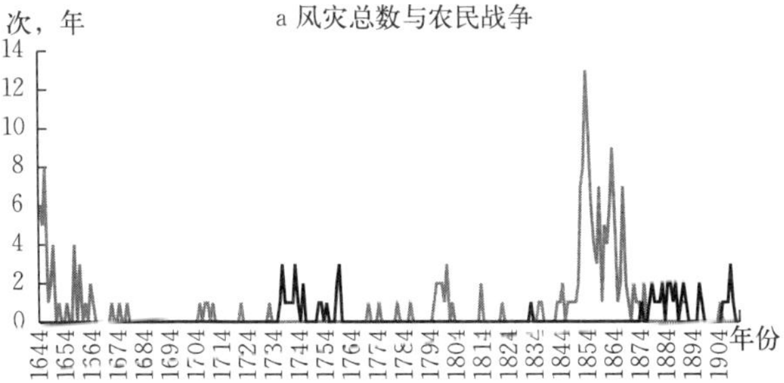

b 风灾赈灾年数与农民战争

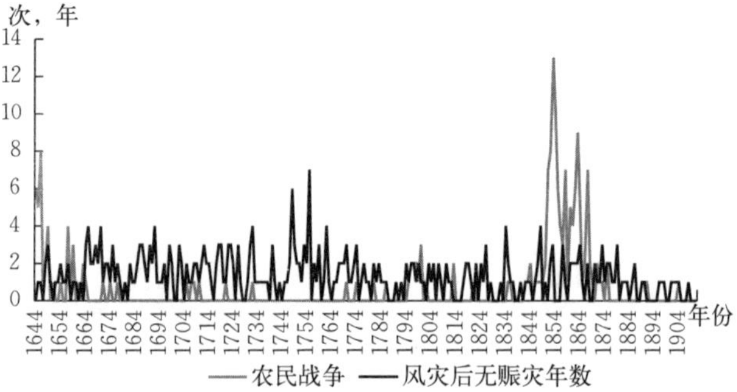

c 风灾后无赈灾年数与农民战争

图 4 - 13　清代风灾与农民战争关系

数据来源：根据中国军事史编写组《中国历代战争年表（下）》（解放军出版社，2006 年版）、张波等《中国农业自然灾害史料集》（陕西科学技术出版社，1994 年版）绘制。

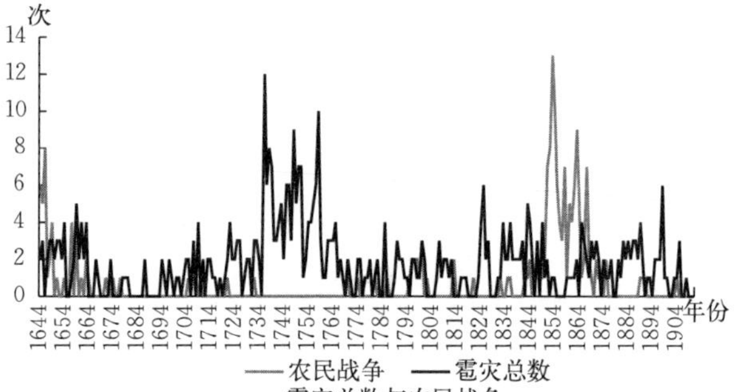

a 雹灾总数与农民战争

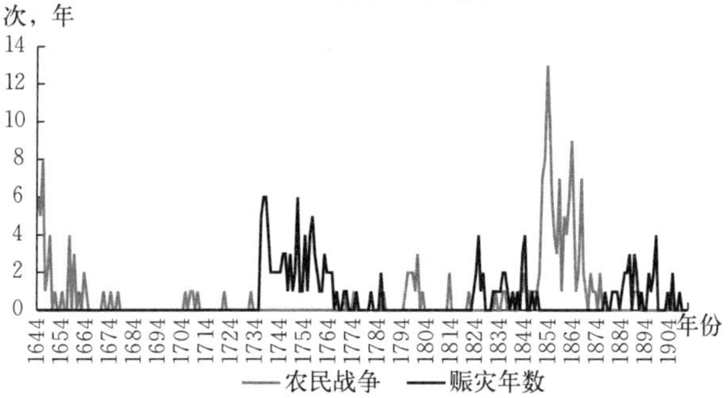

b 雹灾赈灾年数与农民战争

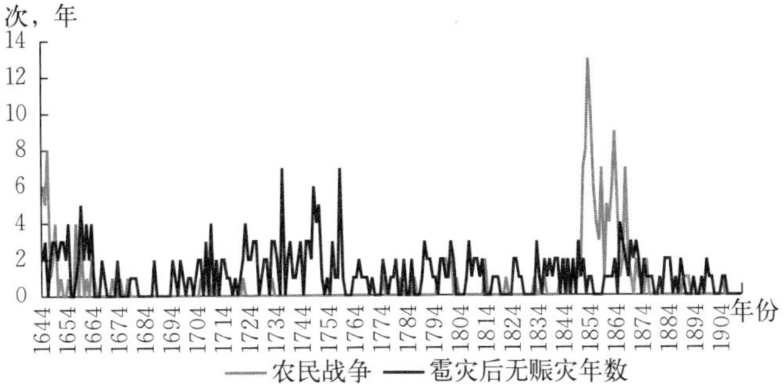

c 雹灾后无赈灾年数与农民战争

图 4－14　清代雹灾与农民战争关系

数据来源：根据中国军事史编写组《中国历代战争年表（下）》（解放军出版社，2006 年版）、张波等《中国农业自然灾害史料集》（陕西科学技术出版社，1994 年版）绘制。

③ 霜灾、蝗灾、沙尘暴与农民战争的关系。这三种灾害属于中等频繁的灾害，但赈灾年数已经比较少了，霜灾和蝗灾发生后各有 20 次左右的赈灾，沙尘暴发生后只有 1 次赈灾。这三种灾害都是清初和乾隆朝发生得比较频繁，而且 1800 年之前要比之后发生得更多，灾害总数的分布图与无赈灾总数分布图较为相似（图 4－15、图 4－16、图 4－17）。

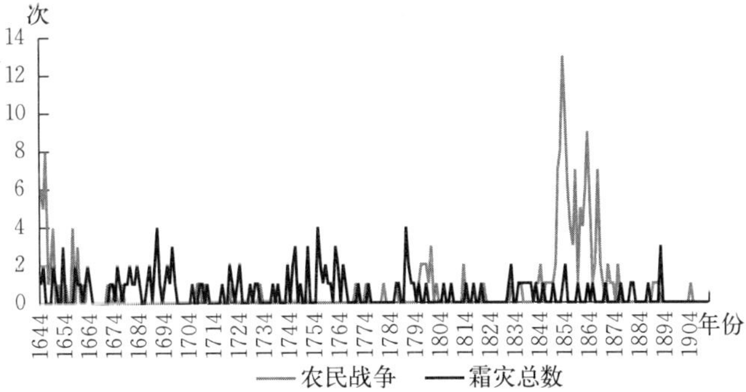

a 霜灾总数与农民战争

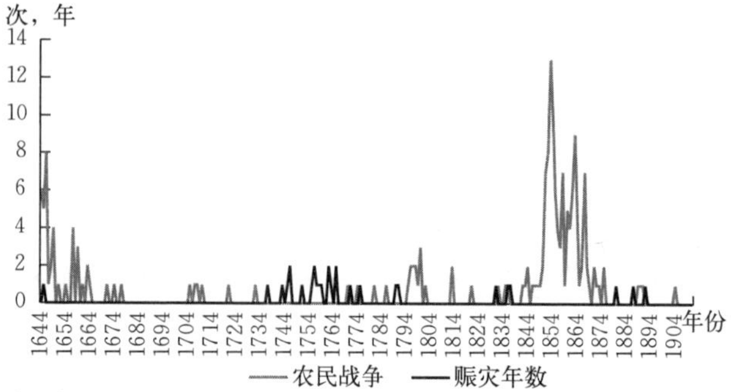

b 霜灾赈灾年数与农民战争

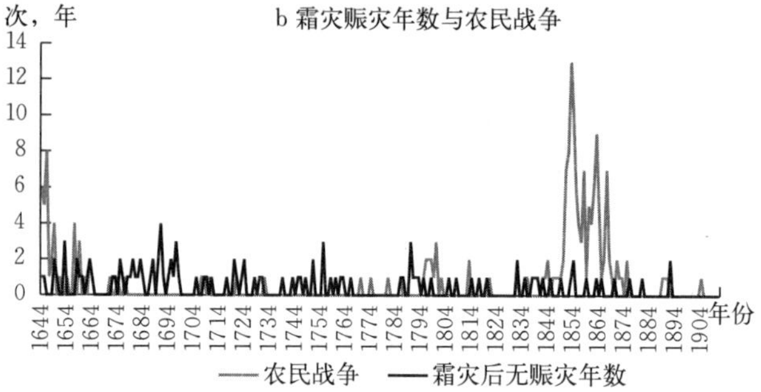

c 霜灾后无赈灾年数与农民战争

图 4-15　清代霜灾与农民战争关系

数据来源：根据中国军事史编写组《中国历代战争年表（下）》（解放军出版社，2006 年版）、张波等《中国农业自然灾害史料集》（陕西科学技术出版社，1994 年版）绘制。

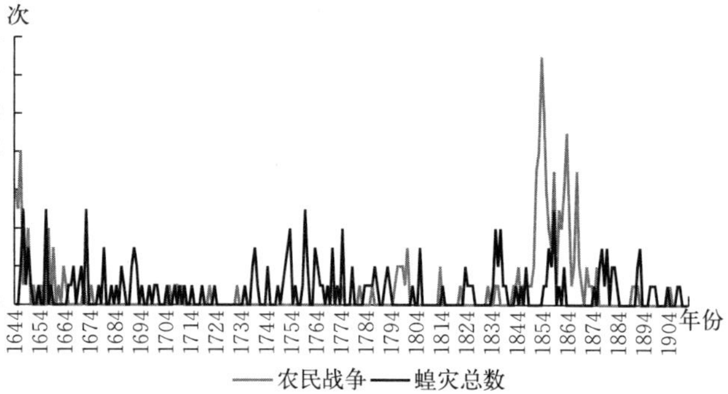

a 蝗灾总数与农民战争

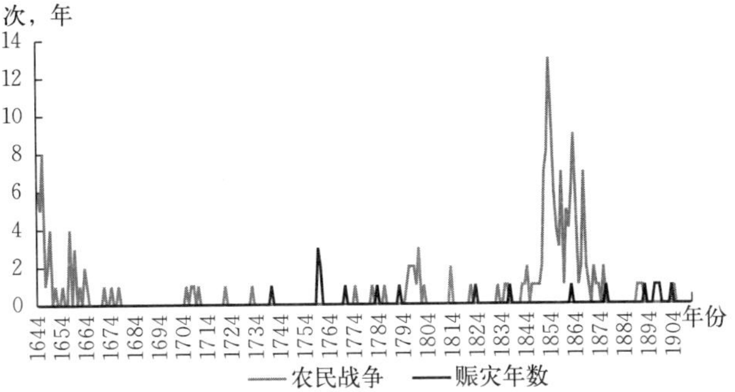

b 蝗灾赈灾年数与农民战争

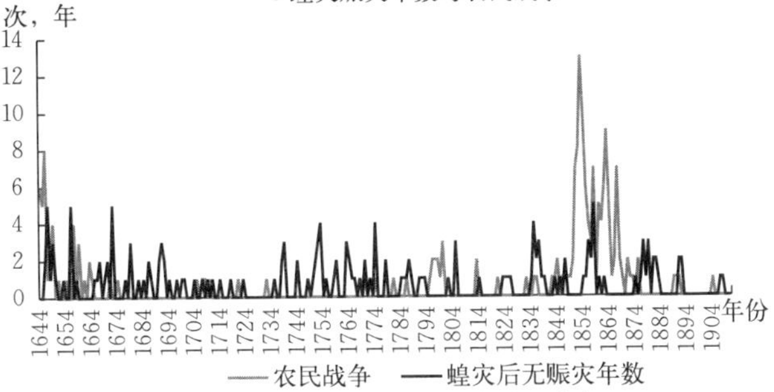

c 蝗灾后无赈灾年数与农民战争

图 4－16 清代蝗灾与农民战争关系

数据来源：根据中国军事史编写组《中国历代战争年表（下）》（解放军出版社，2006 年版）、张波等《中国农业自然灾害史料集》（陕西科学技术出版社，1994 年版）绘制。

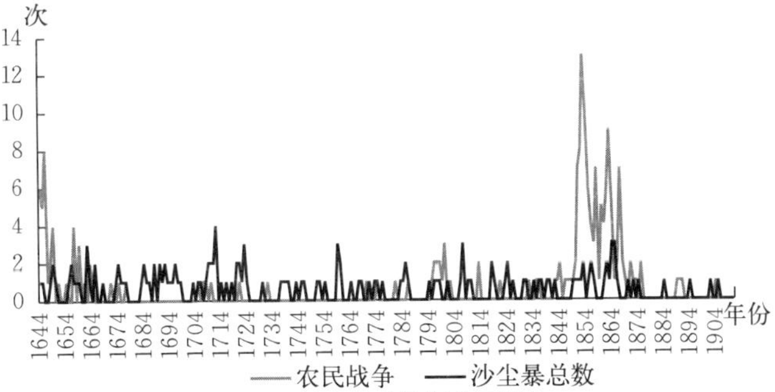

a 沙尘暴总数与农民战争

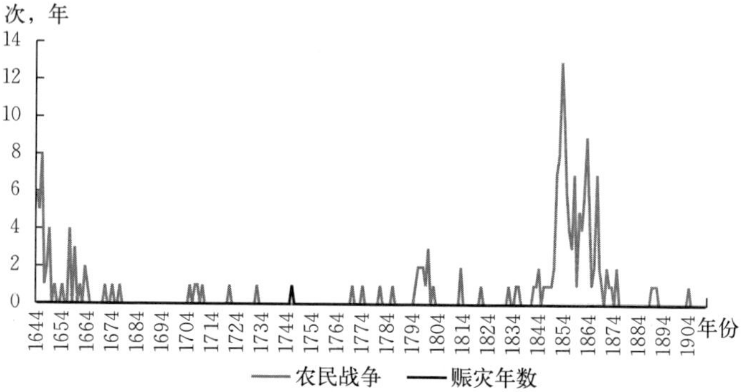

b 沙尘暴赈灾年数与农民战争

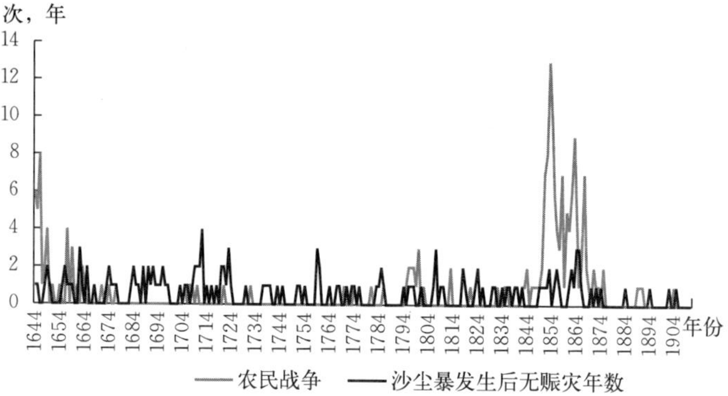

c 沙尘暴发生后无赈灾年数与农民战争

图 4－17　清代沙尘暴与农民战争关系

数据来源：根据中国军事史编写组《中国历代战争年表（下）》（解放军出版社，2006 年版）、张波等《中国农业自然灾害史料集》（陕西科学技术出版社，1994 年版）绘制。

④ 雪灾、低温类灾害与农民战争的关系。这两种灾害属于不常见灾害，而且只有几次赈灾，赈灾年数对灾害总数的分布图几乎没有作用，灾害总数的分布图与无赈灾总数分布图几乎一致（图 4－18、图 4－19）。

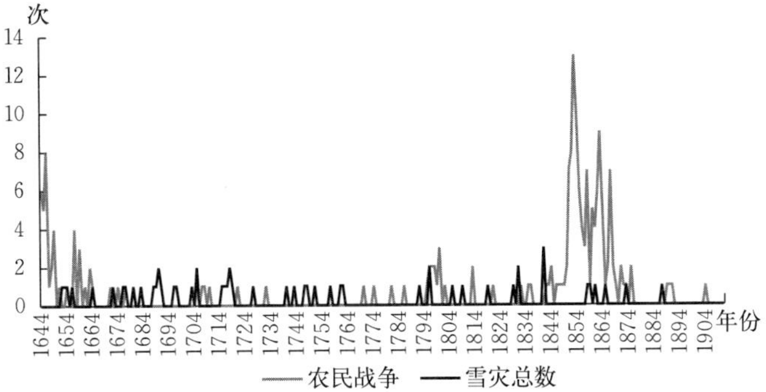

a 雪灾总数与农民战争

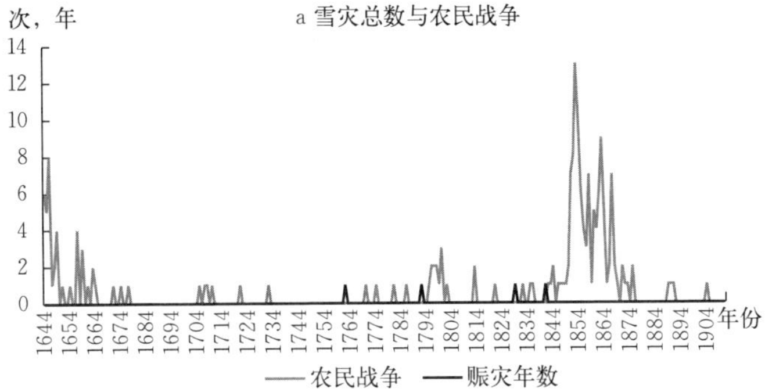

b 雪灾赈灾年数与农民战争

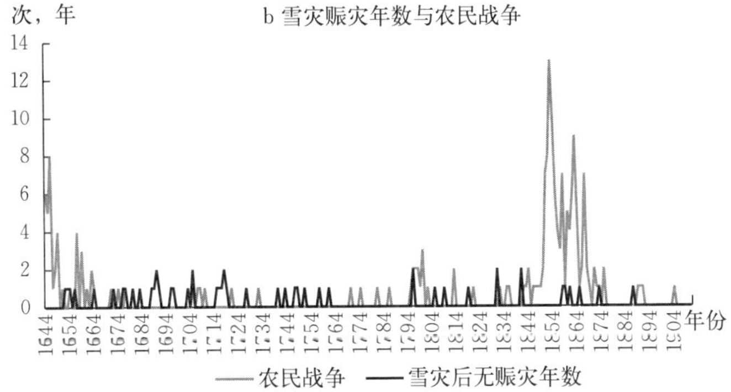

c 雪灾后无赈灾年数与农民战争

图 4-18　清代雪灾与农民战争关系

数据来源：根据中国军事史编写组《中国历代战争年表（下）》（解放军出版社，2006 年版）、张波等《中国农业自然灾害史料集》（陕西科学技术出版社，1994 年版）绘制。

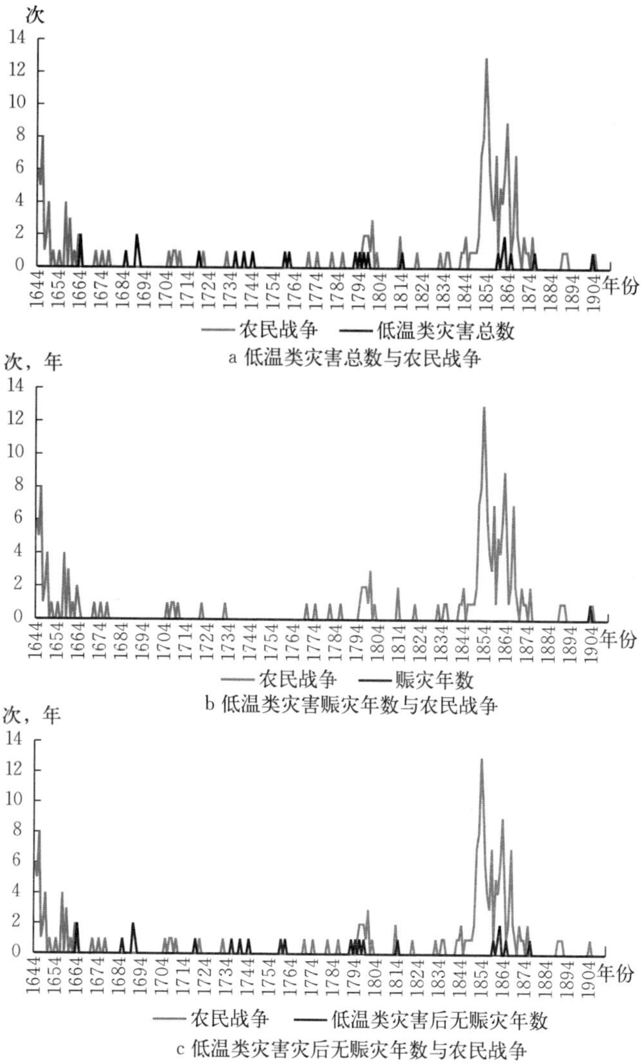

图 4-19 清代低温类灾害与农民战争关系

数据来源：根据中国军事史编写组《中国历代战争年表（下）》（解放军出版社，2006年版）、张波等《中国农业自然灾害史料集》（陕西科学技术出版社，1994年版）绘制。

⑤ 鼠兽鸟害、畜疫与农民战争的关系。同雪灾、低温类灾害一样，这两种灾害也属于不常见灾害，尤其是畜疫在清代只发生过 1 次；这两种灾害没有赈灾记录（图 4－20、图 4－21)。

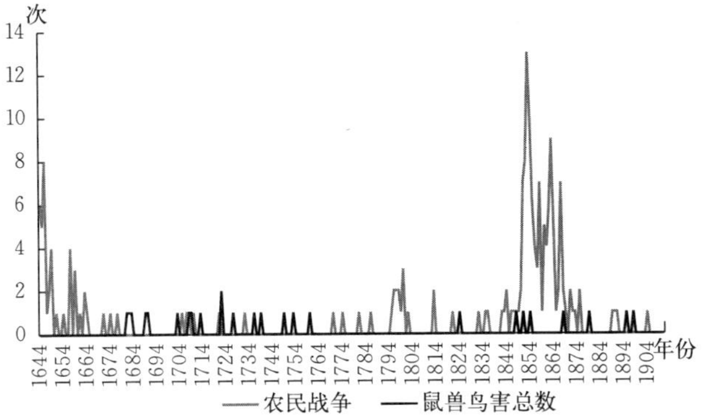

图 4－20　清代鼠兽鸟害与农民战争关系

数据来源：根据中国军事史编写组《中国历代战争年表（下)》(解放军出版社，2006 年版)、张波等《中国农业自然灾害史料集》(陕西科学技术出版社，1994 年版）绘制。

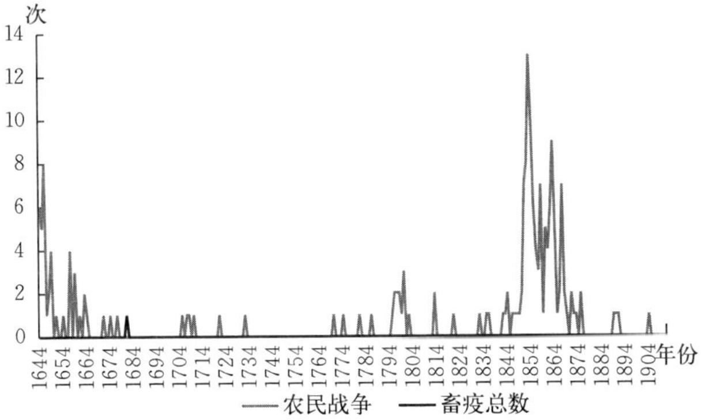

图 4－21　清代畜疫与农民战争关系

数据来源：根据中国军事史编写组《中国历代战争年表（下)》(解放军出版社，2006 年版)、张波等《中国农业自然灾害史料集》(陕西科学技术出版社，1994 年版）绘制。

⑥ 虫灾、水土流失与农民战争的关系。这两种灾害都属于不常见灾害，但与雪灾、低温类灾害以及鼠兽鸟害、畜疫的不同之处在于，这两种灾害的赈灾比例都比较高，水土流失的赈灾比例更是高达 65.8%，是唯一赈灾比例超过 50%的灾害。由于虫灾和水土流失发生的次数都比较少，而且赈灾与不赈灾的次数相差不多，因此灾害总数的分布图既与赈灾分布图不一致，也与无赈灾总数分布图不一致（图 4－22、图 4－23）。

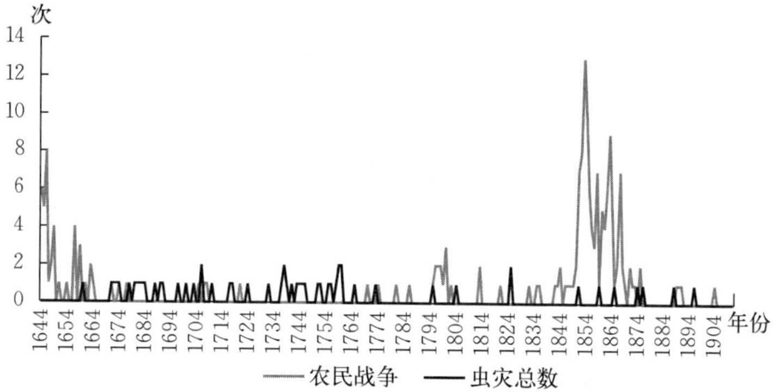

a 虫灾总数与农民战争

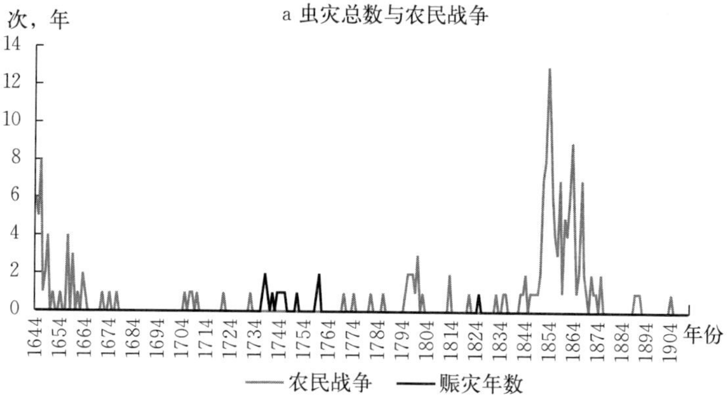

b 虫灾赈灾年数与农民战争

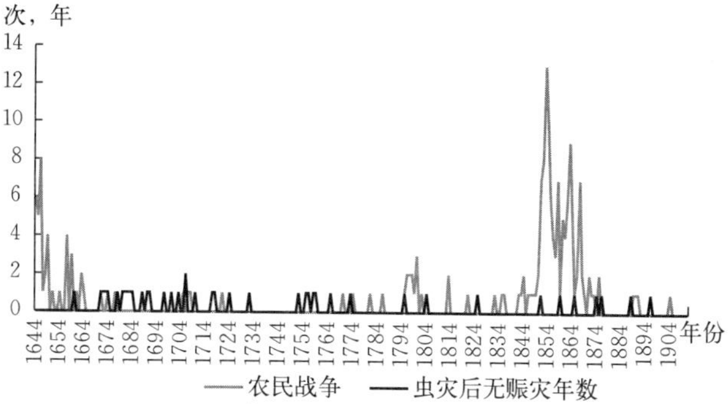

c 虫灾后无赈灾年数与农民战争

图 4-22 清代虫灾与农民战争关系

数据来源：根据中国军事史编写组《中国历代战争年表（下）》（解放军出版社，2006 年版）、张波等《中国农业自然灾害史料集》（陕西科学技术出版社，1994 年版）绘制。

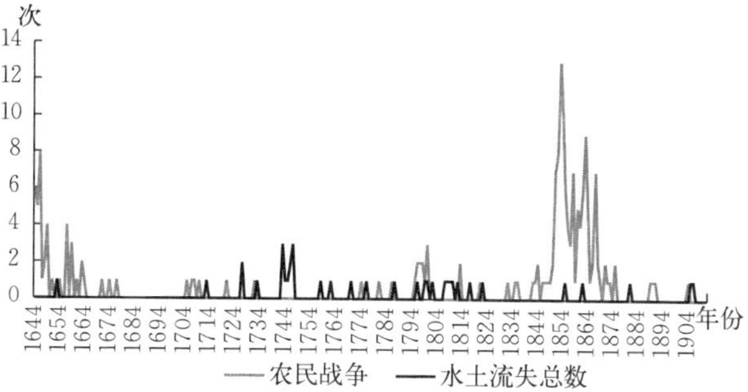

a 水土流失总数与农民战争

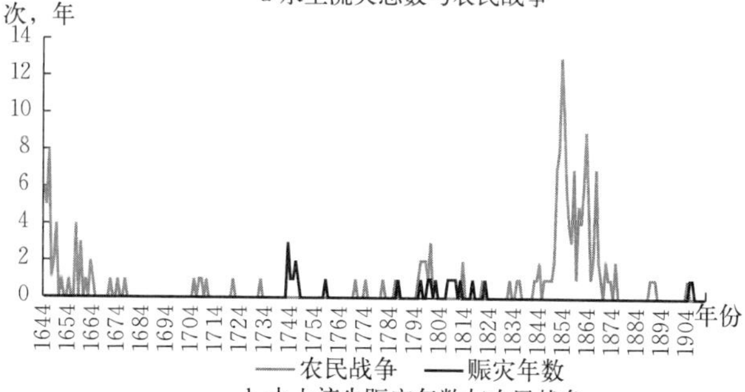

b 水土流失赈灾年数与农民战争

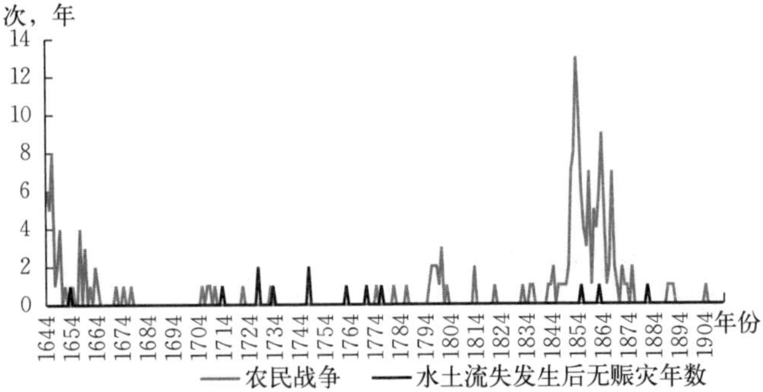

c 水土流失发生后无赈灾年数与农民战争

图 4－23　清代水土流失与农民战争关系

数据来源：根据中国军事史编写组《中国历代战争年表（下）》（解放军出版社，2006 年版）、张波等《中国农业自然灾害史料集》（陕西科学技术出版社，1994 年版）绘制。

4.4　人口压力与农民战争

根据马尔萨斯的人口论，当人口增长过快时，物质条件跟不上就会发生人对资源的争夺。

清代中国人口增殖率有 4 个负增长的阶段，但是第三个负增长阶段（1813—1814 年），有可能是由于《仁宗实录》的记载数据偏低，修正数据后导致负增长（赵文林、谢淑君，1988）。另外的三个负增长阶段分别为 1676—1681 年、1795—1797 年、1853—1870 年，导致负增长的主要原因分别为三藩之乱、白莲教起义、太平天国运动。这说明只有这三次战争，才对清代人口起到实质性的减少作用。

清代前期的人口缓慢增长，这种状况一直持续到雍正朝后期；进入乾隆朝之后，人口快速增长，一直持续到太平天国爆发之前，在此期间，人口数量只有在白莲教起义期间略微减少；在经历太平天国运动和西方列强的侵略战争后，人口数量大概下降了五分之一，直到清末才大致恢复到清代人口鼎盛时期的数量。清代人口总数与年增殖率的关系如图 4－24 所示。

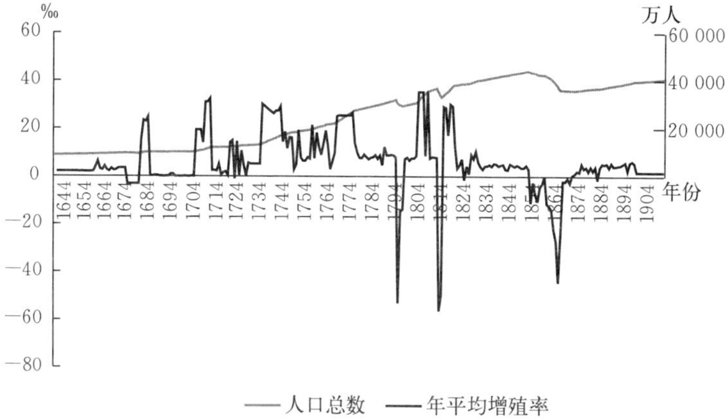

图 4－24　清代人口总数与年平均增殖率

数据来源：根据赵文林、谢淑君《中国人口史》（人民出版社，1988 年版）绘制。

在清前期南方尚未平定之时，人口数量不多，农民战争却比较频繁；在清中、晚期，人口快速上升，白莲教起义和太平天国运动导致了暂时性的人口减少。在三藩之乱、白莲教起义、太平天国运动的前夕，人口增殖率都是较低的水平，这些战争爆发之后，导致了人口的负增长。综合以上两点可知，人口数量和农民战争之间的关系比较微妙，人口数量有可能会影响农民战争的次数，同时农民战争往往会导致人口数量的减少，即人口数量和农民战争次数可能存在双向因果关系。不过，人口压力可能与气候冲击一样，不会直接导致农民起义，只有在人口压力导致经济崩溃时才有可能导致起义。清代人口总数、年平均增殖率与农民战争的关系如图4-25、图4-26所示。

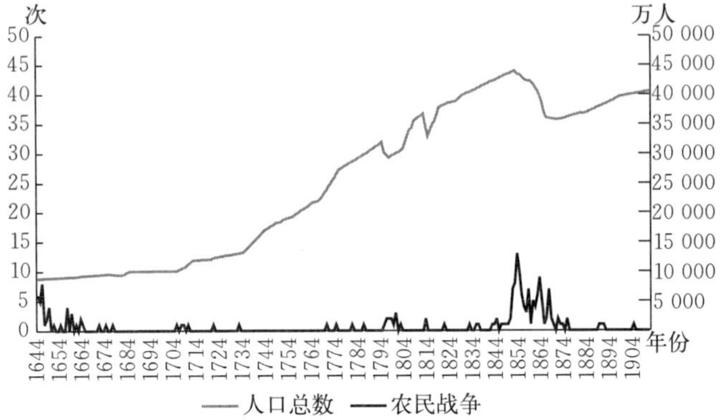

图4-25 清代人口总数与农民战争关系

数据来源：根据赵文林、谢淑君《中国人口史》（人民出版社，1988年版）和中国军事史编写组《中国历代战争年表（下）》（解放军出版社，2006年版）绘制。

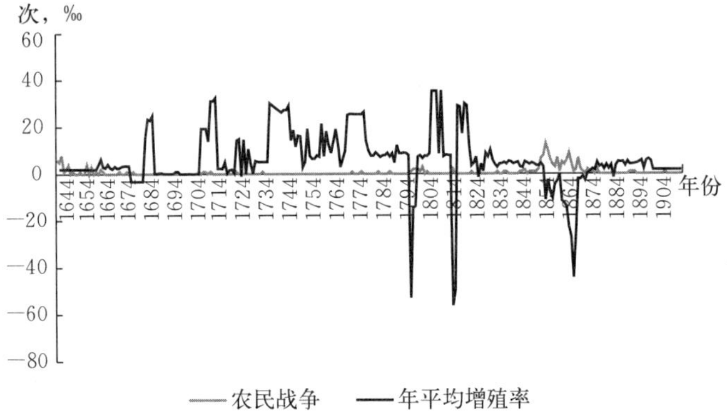

图4-26 清代人口增殖率与农民战争关系

数据来源：根据赵文林、谢淑君《中国人口史》（人民出版社，1988年版）和（中国军事史编写组）《中国历代战争年表（下）》（解放军出版社，2006年版）绘制。

4.5 气温均值偏离与农民战争

在看天吃饭的农业社会，气温偏高和偏低都容易导致自然灾害，从而发生谷物歉收。1645—1680 年的气温均值偏离数据是使用移动平均法还原的，大概在－0.2 ℃左右，这个还原结果比较符合实际情况，明朝的崩溃很大程度是因为气温较低，发生了各种天灾所致（Zhang et al，2007；刘正山，2007）。气温均值偏离与农民战争的关系如图 4－27 所示，为了使折线图中的两个系列更有可比性，需要将两个系列的量纲接近化，这里将农民战争的次数除以 10。

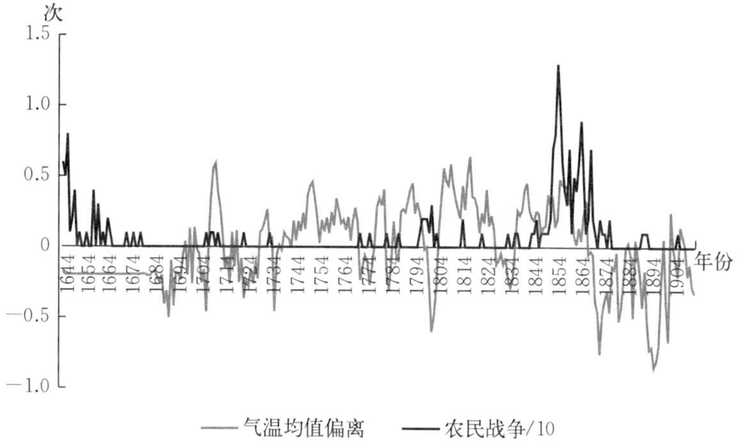

图 4－27 清代气温均值偏离与农民战争的关系

数据来源：根据陈强《气候冲击、政府能力与中国北方农民起义（25—1911 年）》（《经济学》，2015 年 4 期）一文中的气温数据和中国军事史编写组《中国历代战争年表（下）》（解放军出版社，2006 年版）绘制。

如果将气温均值偏离连续三年为负值定义为冷期，将气温均值偏离连续三年为正值定义为暖期，那么清代的冷期分别为1644—1705 年、1713—1727 年、1770—1775 年、1781—1786 年、1799—1782 年、1827—1834 年、1866—1904 年、1908—1911 年，其余时段为暖期。由图 4－27 和以上列举的冷期不难发现，除了清初的三藩之乱处于冷期，白莲教起义只有后半程处于冷期，太平天国运动则完全处于暖期之中，这说明气温异常并不是导致农民起义的直接原因，从气温异常到农民起义之间，应该存在一条比较长的传导路径。

4.6　米价指数与农民战争

米价受到供需两方面的影响，一方面，自然灾害导致的歉收会使得大米的供应减少，从而导致米价上涨；另一方面，人口增长导致需求增加，也会使得米价上涨。米价是控制饥荒的杠杆，虽然米价高低不一定能直接导致农民起义，但会直接影响饥荒的发生。由图 4－28 所示清代米价指数的变化趋势可知，米价指数有 3 个波峰，分别在清初（1644—1655 年）、同治朝（1867—1871 年）、清末（1886—1911 年），整个清代米价指数是逐步上升的。同样的，为了使折线图中的两个系列更有可比性，需要将两个系列的量纲接近化，这里将农民战争的次数乘以 10。如果考察米价指数与农民战争的关系，不难发现，米价指数较高的阶段，往往也是农民战争较频繁的阶段，唯一的例外是白莲教起义期间。米价指数与气候冲击不同，已经由自然系统上升到了经济系统，与社会系统内农民起义的关联更为密切，但米价指数与农民战争的关系仍需验证。

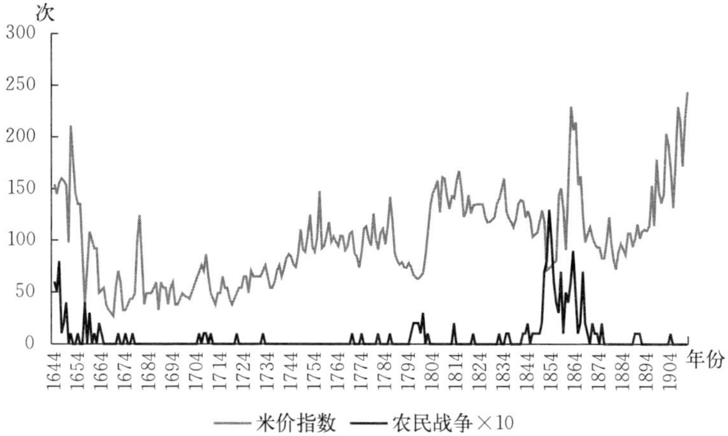

图 4-28　清代米价指数与农民战争的关系

数据来源：根据彭凯翔《清代以来的粮价：历史学的解释与再解释》（上海人民出版社，2006 年版）和中国军事史编写组《中国历代战争年表（下）》（解放军出版社，2006 年版）绘制。

4.7　饥荒与农民战争

饥荒已经是经济系统出现崩溃导致的结果。在清代没有金融工具，难以通过金融手段规避自然灾害带来的风险，于是底层民众有可能通过发动起义的方式以寻求生存。如果发生了饥荒，赈灾成为防止农民起义的最后一种方式。

清代饥荒的赈灾比例高达 65.8%，比所有自然灾害的赈灾比例都高。赈灾有 4 个波峰，分别是 1646—1660 年、1740—

1758 年、1822—1851 年、1874—1911 年，可以看到，除了清初，其余的 3 个波峰均处于较少发生农民战争的阶段，其中 1740—1758 年甚至一次农民战争都没有发生。这说明对于饥荒的赈灾是很有效果的，能够很好地控制农民战争的发生。清初的农民战争比较特殊，除为了能在饥荒中谋求生存，还带有反清复明的政治意味，于是并不能单纯通过赈灾的方式减少该时段的农民战争数量（图 4-29）。

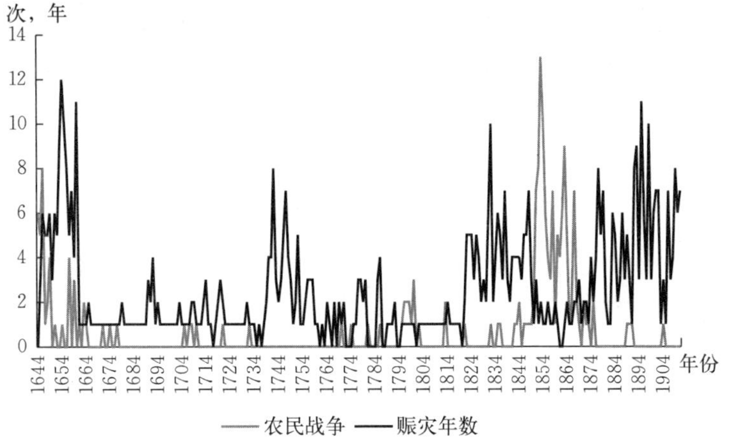

图 4-29　清代饥荒赈灾年数与农民战争关系

数据来源：根据中国军事史编写组《中国历代战争年表（下）》（解放军出版社，2006 年版）、张波等《中国农业自然灾害史料集》（陕西科学技术出版社，1994 年版）绘制。

对于没有赈灾的饥荒，清代平均每年会发生 1～2 次，最多的一年出现了 5 次，总体趋势平稳，没有明显的波峰（图 4-30a）。由于朝廷对饥荒的赈灾力度很大，饥荒总数与农民战争的关系图和饥荒赈灾年数与农民战争关系图相近（图 4-30b）。

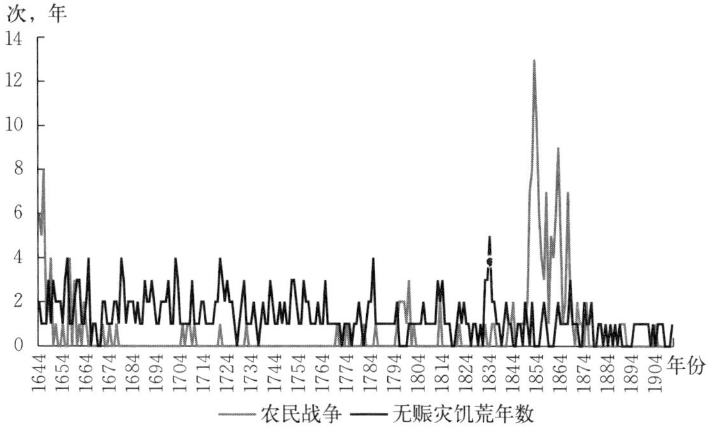

a无赈灾饥荒年数与农民战争

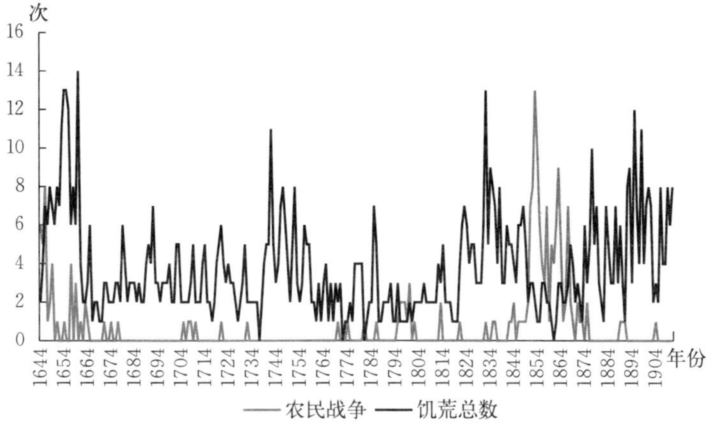

b饥荒总数与农民战争

图 4-30　清代饥荒与农民战争关系

数据来源：根据中国军事史编写组《中国历代战争年表（下）》（解放军出版社，2006年版）、张波等《中国农业自然灾害史料集》（陕西科学技术出版社，1994年版）绘制。

4.8 本章小结

本章首先说明数据采集情况，主要包括农民战争次数、气候冲击与饥荒和赈灾情况、人口数量、米价指数、气温均值偏离数据。然后介绍农民战争数据在统计学上的主要特点，包括农民战争的空间分布、时间分布、涉及宗教会党情况、少数民族参与情况、持续时间、战争结果等内容。最后分析气候冲击、人口压力、气温偏离均值、米价指数、饥荒与农民战争的关系。

清代一共发生了 196 次农民战争，平均 1.37 年即 499 天就发生一次农民战争，发生频率远远高于秦代至清代的平均值。从空间来看，爆发农民战争的省份共有 22 个，遍布中国的八大区域，发生农民战争最多的省份是湖北，共发生了 20 次，如果按区域来看，华东地区的农民战争是最多的，共发生了 56 次战争。从时间来看，清代 268 年里只有 73 年爆发了农民战争，其余的 195 年没有发生农民战争。农民战争发生最多的年份是 1853 年，共发生了 13 次，在整个历史时期排在第二，仅次于隋炀帝在位的 612 年的 16 次。清代农民战争有三个波峰，分别是 1644—1664 年、1795—1802 年、1851—1867 年，对应着清初农民起义、白莲教起义、太平天国运动。

灾害总数存在一个明显的波峰，大概在 1736—1765 年，这一时段的不少年份一年内的灾害数量在 30 次以上。此外还有一个较小的波峰，大概在 1832—1849 年，这一时段的不少年份一年内的灾害数量在 20 次以上。清代 268 年间共发生了 4 373 次自然灾害，平均每年发生 16.3 次灾害；共进行了 1 281 次对自然灾害的赈灾（不包括对饥荒的赈灾），平均每年有 4.8 次赈灾。农民战争的三个波峰（1644—1664 年、1795—1802 年、1851—1867 年），都不在灾害赈灾总数的波峰范围内。

清代人口实际上有三个负增长阶段，分别为 1676—1681 年、1795—1797 年、1853—1870 年，其主要原因分别在于三藩之乱、白莲教起义、太平天国运动的影响。总体上，清代的人口是直线上升的。人口数量和农民战争之间的关系比较微妙，人口数量有可能会影响农民战争的次数，同时农民战争往往会导致人口数量的减少。

清代冷期分别为 1644—1705 年、1713—1727 年、1770—1775 年、1781—1786 年、1799—1782 年、1827—1834 年、1866—1904 年、1908—1911 年，其余时段为暖期。除了清初的三藩之乱处于冷期，白莲教起义只有后半程处于冷期，太平天国运动则完全处于暖期之中。

米价指数有 3 个波峰，分别在清初（1644—1655 年）、同治朝（1867—1871 年）、清末（1886—1911 年），整个清代米价指数是逐步上升的。米价指数较高的阶段，往往也是农民战争发生较频繁的阶段。

饥荒赈灾有 4 个波峰，分别是 1646—1660 年、1740—1758 年、1822—1851 年、1874—1911 年，除了清初，其余 3 个波峰均处于较少发生农民战争的阶段。结合灾害赈灾的效果来看，两类赈灾都能较好地控制农民战争的爆发。

5 气候冲击与人口的传导路径

本章首先分析自然系统、经济系统和社会系统各变量间的相关性，然后初步确定传导路径，再从要素、技术和制度的观点阐述其间的联系，最后定量分析传导路径的具体形式。

5.1 主要变量的相关性分析

在分析自然系统、经济系统和社会系统的关系时，首先需要从对应变量的相关性入手。除了气温均值偏离，大部分变量的下界为0，所以本书选择单侧检验；农民战争次数、灾害总数、饥荒这三个变量是计数变量，不是连续变量，所以本书优先选择Spearman相关系数来分析各变量的相关性。表5-1是气温均值偏离、灾害总数、人口数量、米价指数、饥荒和农民战争次数的相关矩阵。

表5-1 变量的相关矩阵

项目	气温均值偏离	灾害总数	人口数量	米价指数	饥荒	农民战争次数
气温均值偏离	1					
灾害总数	0.087*	1				

（续）

项目	气温均值偏离	灾害总数	人口数量	米价指数	饥荒	农民战争次数
人口数量	0.301***	−0.084*	1			
米价指数	0.229***	−0.021	0.573***	1		
饥荒	−0.323***	−0.076	−0.536***	−0.254***	1	
农民战争次数	−0.011	−0.115**	0.178***	0.157***	0.117**	1

注：***表示在显著水平（单侧）为0.01时，相关性是显著的；**表示在显著水平（单侧）为0.05时，相关性是显著的；*表示在显著水平（单侧）为0.1时，相关性是显著的。

由表5-1可以看出，气温均值偏离与灾害总数的相关系数在0.1的显著水平上显著为正，与人口数量、米价指数的相关系数在0.01的显著水平上显著为正，与饥荒的相关系数在0.01的显著水平上显著为负，与农民战争次数不显著相关。灾害总数与人口数量的相关系数在0.1的显著水平上显著为负，与农民战争次数的相关系数在0.05的显著水平上显著为负，与米价指数、饥荒不显著相关。人口数量与米价指数、农民战争的相关系数在0.01的显著水平上显著为正，与饥荒的相关系数在0.01的显著水平上显著为负。米价指数与饥荒的相关系数在0.01的显著水平上显著为负，与农民战争次数的相关系数在0.01的显著水平上显著为正。饥荒与农民战争次数的相关系数在0.05的显著水平上显著为正。

整体来看，除了人口数量与米价指数、人口数量与饥荒的相关系数的绝对值大于0.5，其余变量间的相关系数都比较小，这说明经济系统和社会系统的关联较为密切，一旦经济系统出现了大幅度波动，社会系统也会受其影响。然后再看在主对角线上（相关系数全为 1）正下方的第一个相关系数，全部至少在 0.1 的显著水平上显著，而且相关系数的正负性与常识相符[①]，可初步认为从温度异常到农民战争的路径有可能是根据在副对角线上的变量传递的。再来看前两列的相关系数，气温均值偏离与农民战争次数不显著相关，灾害总数与饥荒不显著相关，说明自然系统的负向冲击不一定能直接对社会系统造成影响。最后看中间两列的相关系数，人口数量和米价指数与农民战争的相关系数都在 0.01 的显著水平上显著为正，再次说明经济系统和社会系统间有直接关联。

5.2　传递路径的确定

由上一节的相关分析可知，社会系统的农民战争，起因是气温异常，这个结论已得到众多研究成果的支持（Zhang et al，2005，2007；方修琦等，2015）。气温异常属于自然系统的变异，自然灾害在一定程度上是由气温异常所致，例如，在气温偏离均值为负值的情况下，就容易导致低温类灾害。当然，气温异常与不同类型的自然灾害的关系也是有所不同。

自然灾害能对经济系统产生直接的影响。首先，自然灾害能直接破坏庄稼，如风灾、霜灾、蝗灾和虫灾都能直接破坏禾苗；其次，自然灾害能降低土地的生产效率，例如旱涝灾害和低温类灾害虽然不一定直接使得庄稼死亡，但会影响庄稼的生长周期，

---

① 值得注意的是，米价指数和饥荒的相关系数在 0.01 的显著水平上显著为负，这似乎不合常理，但是这里的饥荒数据包含被赈灾的饥荒数据，在米价指数较高的阶段，往往对饥荒的赈灾次数也多，于是在赈灾的作用下，相关系数为负。

从而导致减产；最后，自然灾害能减少耕地面积，例如水土流失和土地沙漠化会使得一些本来能耕种的田地变得不能耕种。这三种情况，都会导致粮食产量的减少，从供给方面影响到粮价指数。虽然没有直接证据可以证明自然灾害能影响人口数量，但是人口数量可以从需求方面影响到粮价指数。自然灾害和人口数量都能直接影响到粮价指数，于是对自然灾害的赈灾也可以适当降低粮价指数。

当经济系统出现危机而没能缓解时，社会系统就会受到影响。如果粮价指数持续居高不下，社会就会出现大范围的饥荒，饥荒是对粮食市场供需失衡的响应。出现饥荒后，政府对饥荒的赈灾尤为重要，这是防止社会危机进一步恶化、爆发农民起义的最后一个节点。同时，在这一节点，由国外引进的作物玉米、甘薯起到了关键的作用，前面已经阐述过，稻米的产量不能真正导致农民起义，因为在清代即使在丰收年稻米产量也不足以消灭饥荒。因此，稻米的作用只是使得当时生活水平更高，但玉米和甘薯却属于“雪中送炭”的救荒作物。众多的史料证实了这一点，例如咸丰十年（1860）《萍乡县志》卷一《物产》载：“山薯出最广，贫者半以此为粮”（李昕升、王思明，2016），光绪二十九年（1903）《雷平县志》第五篇《经济》载：“幸而五月包粟丰收，粮价大跌，饥民籍以复苏”（郑维宽，2009）。玉米和甘薯品质不如水稻，甘薯多吃还会有胃灼热感，如果经济条件允许，人们是不会将玉米和甘薯作为主食的，中国南方的富人就把吃大米和鱼肉作为富裕的标志（罗树杰，2014）。

根据以上分析，农民起义的传递路径如图 5-1 所示。

由图 5-1 可知，有箭头相连的两个框里的代理变量，才具

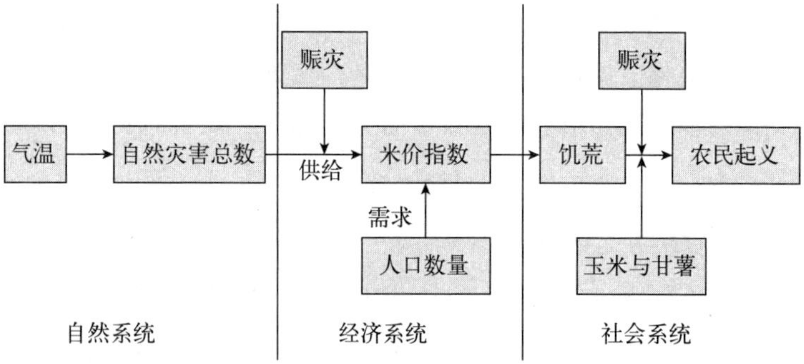

图 5-1　农民起义的传递路径

有直接的因果关系。这些因果关系包括：气温能直接影响自然灾害的数量，灾害总数和人口数量直接影响米价指数，米价指数直接影响饥荒，饥荒直接影响农民起义。没有箭头相连的代理变量，有可能是间接的因果关系，例如米价指数可能间接影响农民起义，米价指数是通过导致饥荒而作用于农民起义的。此外，赈灾、玉米与甘薯并没有直接指向其他变量，这代表赈灾、玉米与甘薯只能加剧或减缓农民起义，并不是起义的诱因。

这一传递路径还得到了计量方面的支持（表 5-2）。首先使用泊松回归进行气温均值偏离对灾害总数的回归，气温均值偏离的系数在 0.01 水平上显著。然后，使用最小二乘估计（OLS）进行灾害总数和人口数量对米价指数的回归，人口数量的系数在 0.01 水平上显著，但灾害总数的系数不显著。为了探讨每一种灾害对米价指数的影响，再次使用 OLS 进行每一种灾害和人口数量对米价指数的回归，人口数量的系数依然在 0.01 水平上显著，旱灾和鼠兽鸟害的系数在 0.1 水平上显著，而风灾和蝗灾的系数在 0.05 水平上显著，其余灾害的系数不显著，说明这四种自然灾害对米价指数有显著影响。接着，使用泊松回归进行米价指数对饥荒的回归，米价指数的系数在 0.05 水平上显著。最后，使用泊松回归进行饥荒对农民战争的回归，饥荒的系数在 0.01 水平上显著。

表 5-2　传导路线图变量的因果分析结果

	(1) Poisson 灾害总数	(2) OLS 米价指数	(3) OLS 米价指数	(4) Poisson 饥荒	(5) Poisson 农民战争
气温均值偏离	0.217**				
	(0.053 4)				
灾害总数		0.058 9			
		(0.279)			
人口数量		2.006***	1.827***		
		(0.167)	(0.180)		
水灾			0.967		
			(0.617)		
旱灾			−1.846*		
			(1.010)		
风灾			−4.500**		
			(1.878)		
雹灾			2.041		
			(1.338)		
雪灾			−0.076		
			(4.820)		
霜灾			−2.966		
			(2.810)		
低温类灾害			4.345		
			(6.945)		
蝗灾			4.193**		
			(2.101)		
虫灾			−1.938		
			(5.222)		
鼠兽鸟害			−13.057*		
			(7.179)		

（续）

	（1）Poisson 灾害总数	（2）OLS 米价指数	（3）OLS 米价指数	（4）Poisson 饥荒	（5）Poisson 农民战争
畜疫			29.029		
			(35.628)		
沙尘暴			0.574		
			(2.890)		
水土流失			3.255		
			(5.139)		
米价指数				−0.001 77**	
				(0.000 753)	
饥荒					0.094 3***
					(0.023 6)
样本容量	268	268	268	268	268
Adj R^2		0.351	0.362		
LR Test χ^2	16.49			5.65	14.36

注：括号内的数值为标准误。***表示在显著水平为 0.01 时，回归系数是显著的；**表示在显著水平为 0.05 时，回归系数是显著的；* 表示在显著水平为 0.1 时，回归系数是显著的。

5.3 要素、技术与制度

本节首先对人口和土地这两种要素做出说明，并指出现有的气候冲击理论分析所存在的一些问题，然后探讨清代主要农业技术对农民起义的影响力，最后分析制度对农民起义发挥的作用。

5.3.1 要素：人口与土地

无论是政权之间的战争，还是群体之间的冲突，在一定程度上是对要素的争夺，因此在要素紧缺的时期，往往动乱比较多。

在古代中国，最重要的两个要素是人口和土地。

中国农业社会的稳定性受到诸多因素的影响，最先用来解释农业社会稳定性的“气候冲击说”框架，最早由赵红军（2012）提出。农业社会的支柱产业是农业，农业产出直接影响国民经济的稳定，而气候冲击又能左右农业产出，因此一旦遇到负向的气候冲击，将会给农业社会带来不稳定的风险。“气候冲击说”框架的核心是，气候冲击改变了各生产要素的效率，如气温降水影响土地的生产效率，温度也可能影响劳动力的效率（赵红军，2012）。

但是，气候冲击的作用并没有理论分析中的那么关键。首先，气候冲击多数情况下都是区域性的，最多只能影响两到三个省，因此要爆发全国性的灾难可能性较小，这也是历史上全国性农民起义发生得比较少的原因之一。然后，气候冲击具有时滞性，也就是说从发生自然灾害到社会系统的响应需要一段时间，政府具有赈灾的时间，将灾害的负面影响尽可能减小。最后，气候冲击只能影响要素的效率，但不能改变要素的数量①，因此它对经济系统和社会系统的影响是有限的、暂时性的，而且是逐级递减的。随着农业技术的提升和作物玉米、甘薯的引进种植，气候冲击的影响会从负向逐渐转为中性，也就是说气候冲击的影响力会越来越小。

人口这个要素也有一些值得注意的地方。人口数量和人口增殖率上升不一定成为人口压力，相反，在多数情况下可以看作是政通人和、国力强盛的体现。只有在人口数量超过环境容量时才

---

① 虽然恶劣天气会导致人的伤亡，水土流失也会一定程度上减少耕地，但相比饥荒和战争而言，恶劣天气导致的人口减少是微不足道的；同样水土流失对于开垦耕地的数量，也是微不足道的。因此，可以认为气候冲击对要素的数量几乎没影响。

会出现人口压力。人口数量又分为地区人口数量（包括省级、府级和县级人口数量）和全国人口数量，一个或数个地区的人口数量超过当地的环境容量时，还不能算作出现了人口压力，因为人口迁移的方式可以减少迁出地的人口数量，而且清王朝对人口流动大多持鼓励态度①。在康乾盛世时期，清廷鼓励没有田地的流民去开垦荒地，于是在广东省东部诸府有不少流民前往广东西部诸府、四川等地开荒（步德茂，2008）。只有在全国范围内各省都出现较多的流民，才说明人口数量超过了环境容量。但是，人口压力不仅和人口数量有关，还和人口结构、性别比例以及粮食产量有关，一般而言，壮丁比例高、粮食产量高的时期不容易产生人口压力。不过遗憾的是，在笔者能收集到的古籍资料中缺少对各年龄段人口数量的统计，于是只能使用全国人口数量进行实证研究，探讨可能存在的人口压力问题。

至于人口数量的内生性问题，并不严重。众多研究表明，人口变量对农民战争的作用并不确定，有些研究显著为正，有些显著为负，详见表2-2，说明人口变量对农民战争没有直接的影响，而且农民战争对人口数量的逆向因果关系，陈强（2015）认为这个逆向因果问题不严重。相比人口变量内生性，更值得关注的是人口中的宗教、民族成分对农民战争的影响。

最后是关于土地要素的一些问题。要探讨环境容量和人口压

---

① 清代比较出名的人口流动有“闯关东”“走西口”“下南洋”，清政府只对“闯关东”在某些时期持反对态度，例如1668—1860年，为维护满洲固有风俗和保护八旗生计，康熙下令在“辽东招民授官，永著停止”，对东北实行禁封政策。在更多的时期，清政府对“闯关东”并不管制甚至持鼓励态度。

力，需要对土地的生产能力进行度量，也就是要求算出总产量。然而，这不是一项容易的工作。一方面，土地丈量问题较为严重，暂且不说存在相当数量的土地没有被测量，各地的土地在丈量时度量衡没有统一，甚至测量工具都没有统一（赵冈等，1995），虽然清政府下令地方不能筑尺，需要使用官方的丈尺来测量土地，但地方仍有使用私尺进行测量。另一方面，各地亩产的数量也不容易获得，虽然有零星数据是关于清代亩产的，但数据的准确性依然值得怀疑，和土地测量一样，亩产量测量的度量衡和工具都没有统一，而且由于各种原因，在记载时故意将其增大或减小时有发生（赵冈等，1995）。总产量等于亩产与土地面积的乘积，如果使用以上两项不可靠的数据，求得的总产量必然存在很大的由测量导致的误差和由记载错误导致的误差。于是，考虑进入市场的大米数量会更为准确，米价指数能从侧面反映当年大米的丰歉情况。根据彭凯翔（2006）的数据，清代的通货膨胀不严重，米价指数的涨跌主要是由供需关系导致的。

5.3.2　清代的农业技术

根据彭凯翔（2006）的归纳，清代农业技术的进步主要有五个方面，分别是复种技术的发展、玉米和甘薯的推广、肥料用量剧增、农田改造与治理、小型水利工程的建设。总体而言，后三项技术可以看作是通过增加资本投入使得土地要素的生产效率提高，其作用有可能被自然灾害所抵消，于是与农民起义的关联性应该不会太大，即使能影响农民起义，其作用也是很微弱的。

前两项技术是重大突破，能够扩大环境容量。复种技术的发展，使得南方平均亩产比明代提高了2.28%（赵冈等，1995）[①]，特别是双季稻，能使亩产提高20%～50%，但是双季稻对土壤、气候、人力、资金都有较高的要求，难以大范围推广。而且，稻米产量的提高，未必能惠及广大流民，过快的人口增长使得人均稻米占有量不升反降，没能形成国家工业化的原始积累，当发生大范围饥荒时，仍没有充足的余粮进行救灾。

由国外引进的作物玉米和甘薯的推广，对于赈灾救荒起到非常重要的作用。玉米和甘薯传入中国的历史，已经有相当充分的研究（赵冈等，1995；陈永伟等，2014；郑维宽，2009；李昕升、王思明，2016），这里不再赘述。与不种植玉米、甘薯相比，推广种植玉米、甘薯，使得清代亩产分别提高了9.07市斤[②]、9.69市斤（赵冈等，1995）；种植玉米使北方、南方的亩产分别提高了32.75%、28.33%，种植甘薯使北方、南方的亩产分别提高了50.0%、86.3%（彭凯翔，2006）。而且，种植玉米和甘薯，不仅提高了亩产，而且增加了耕作面积，像山地、丘陵、滩涂这些不适宜种植水稻和小麦的地区，到了清中期也能有粮食产出。所以，玉米和甘薯的推广在清代农业中具有重要意义，在缓解饥荒方面甚至比稻米的作用更为显著。这些所谓“穷人的食物”的产量，可能才是控制农民起义的最关键因素，这个观点是该书实证的要点。

清代农业技术的进行与当代技术相比，当然是微不足道的，虽然清代没有发生过革命性的技术创新，但是新大陆作物的推

① 关于明代北方的复种少有记载，复种指数难以估计，亩产提高就更无法推知。
② 1市斤=0.5千克。下同。

广，无疑对清王朝的稳定作出了很大贡献。技术的创新，在清代往往是被动发生的，农田改造与治理、小型水利工程的建设是为了消除自然灾害的负面影响，复种技术的发展、肥料用量剧增则是为了提升土地要素的生产效率，玉米和甘薯的推广不仅增加了耕种面积，又增加了粮食产量，即不仅增加了要素的数量，同时也提高了要素的效率。这些技术创新，是在人口不断增长的背景下发生的，也就是说要素特别在要素间不能匹配时，能促进技术的创新，而技术的创新又能提升要素的效率。

5.3.3 制度：永不加赋与分家析产

相较于要素和技术而言，制度对于农业社会稳定性的影响可能不是那么明显和直接，清代有两个比较重要的制度，分别为滋生人丁永不加赋和分家析产制度。前者看似赋税政策，但从长远来看对人口数量也有影响。清代穷人相对富人而言，更倾向于生育后代，因为穷人的养育成本更低，但对未来的预期更乐观。添丁不加赋，使得贫民和流民的经济负担相对比较固定，降低经济上的顾虑，客观上增强了他们添丁的意愿。清代从雍乾时期人口数量大幅度增长，其中有滋生人丁永不加赋这一制度的贡献。

分家析产制度则与土地要素有一定的关联。在理论分析时，不少学者把土地兼并严重作为农民起义的一个重要诱因，但事实上未必如此（刘正山，2007）。到了清代，土地兼并就更加困难了，原因就在于分家析产制度。分家析产的形式一般是儿子成年要求分家，如果不分家则需缴纳两倍赋税（李楠、甄茂生，2015），这样一方面保证了清政府的税收，另一方面可以防止土地兼并。

可以看到，这两种制度对要素的影响是比较小的，而且要较长时间才能体现出来；这两种制度并没有激发技术的创新，同时对农民起义的作用也不明显，其主要作用都是为了保证清王朝的税收。其实，历史上对生产力有重大影响的制度有三个，分别是秦汉时期井田制瓦解变成私有制、1956 年的公有化运动、1978 年的家庭承包联产经营制度。清王朝在 20 世纪之前的制度相对稳定，对农民起义的作用也并不明朗，这是本书对制度不进行重点讨论的原因。

5.4 传导路径分析

图 5-1 确定了农民起义的传导路径，本节对其进行数量分析。首先将每个环节的变量的趋势作于同一幅图上，同时使每个变量的数量级相近——将气温均值偏离乘以 100、米价指数除以 10，以使趋势分析更具可观性。从图 5-2 可以看出，人口数量的变化趋势与其他变量明显不同，几乎一直在上升，在其最高点爆发了一系列农民战争，直到清朝灭亡时，人口数量仍没有恢复到最高点。其余变量都是波动式变化。单从图 5-2 较难看出变量间的传递关系，因而需要进一步做传导分析才能得出相应结论。

图 5-1 中共有 5 个传导环节，分别是自然系统的气温和自然灾害总数，经济系统的粮价指数和人口数量，以及社会系统的饥荒和农民起义。所谓传导过程，实质上是求条件概率，例如气温传导到自然灾害，就是分别求出在冷和暖两种气温条件下发生自然灾害的概率。

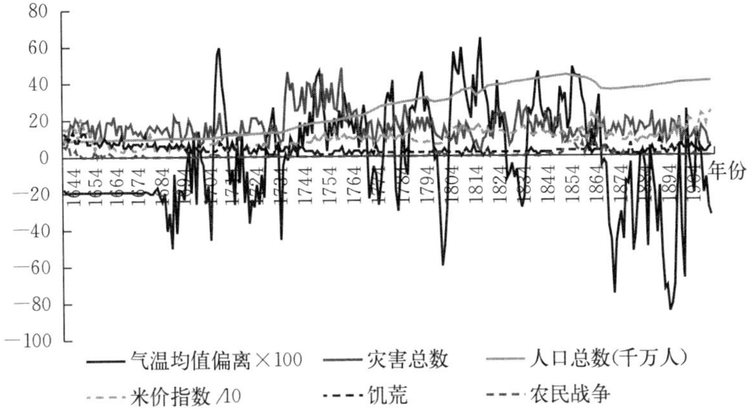

图 5-2 各变量趋势分析总图

数据来源：根据赵文林、谢淑君《中国人口史》（人民出版社，1988 年版）、彭凯翔《清代以来的粮价、历史学的解释与再解释》（上海人民出版社，2006 年版）、中国军事史编写组《中国历代战争年表（下）》（解放军出版社，2006 年版）、张波等《中国农业自然灾害史料集》（陕西科学技术出版社，1994 年版）、陈强《气候冲击、政府能力与中国北方农民起义（25—1911 年）》（《经济学》2015 年 4 期）的相关数据绘制。

首先需要对每个变量的各种情形进行定义。气温的代理变量是气温均值偏离，有大于 0 和小于 0 两种情况，本书定义气温均值偏离大于 0 的时期为暖期、小于 0 的时期为冷期。气候冲击的代理变量是灾害总数，这个变量既包括了灾后赈灾年数，也包括灾后无赈灾年数，于是分为四种情况，即高灾害高赈灾、高灾害低赈灾、低灾害高赈灾、低灾害低赈灾。灾害总数的均值是 16.32 次，于是把年灾害次数小于或等于 16 次的定义为“低灾害”，大于 16 次的定义为“高灾害”；如果一年中赈灾比例小于 50％则定义为“低赈灾”，大于或等于 50％则定义为“高赈灾”。由于人口数量的趋势几乎一直在上升，所以不能以绝对数量来区别人口多与人口少，而且随着农业技术的提升，环境容量在增大，人口数量的增加未必能导致粮价上涨。于是本书使用人口增殖率来探讨人口对米价的影响，清代 268 年的人口增殖率均值是 5.79‰，将小于等于 5.79‰定义为低增殖率（包括负增殖率），大于 5.79‰定义为高增殖率。米价指数以清代最强盛的 1760—1780 年米价作为基期，于是可以认为米价指数小于或等于 100%为低米价时期，高于 100%为高米价时期。类似于自然灾害总数，饥荒这个变量既包括了被赈灾的饥荒次数，也包括无赈灾的饥荒次数，于是分为五种情况，除了高饥荒高赈灾、高饥荒低赈灾、低饥荒高赈灾、低饥荒低赈灾，与自然灾害总数不同的是，还存在无饥荒这种情况。饥荒的均值是 3.77 次，于是把年饥荒次数为 1 次、2 次、3 次的定义为“低饥荒”，大于 3 次的定义为“高饥荒”，年饥荒次数为 0 次的定义为“无饥荒”；如果一年中赈灾比例小于 50%则定义为“低赈灾”，大于或等于 50%则定义为“高赈灾”。农业社会稳定的代理变量是农民战争次数，清代 268 年间共发生了 196 次农民战争，年均发生 0.73 次战争，于是每年农民战争次数大于或等于 2 次则定义为“战争频繁”，战争次数为 1 次则定义为“战争不频繁”，战争次数为 0 次时定义为“无战争”。具体标准如表 5-3 所示。

表 5-3　各指标情景划分标准

变量	划分标准	情景	频数（年）	频率（%）
气温均值偏离	≤0	冷期	142	53.0
	>0	暖期	126	47.0

（续）

变量	划分标准	情景	频数（年）	频率（%）
自然灾害总数与赈灾	灾害数≤16次，赈灾比例<50%	低灾害低赈灾	129	48.1
	灾害数≤16次，赈灾比例≥50%	低灾害高赈灾	26	9.7
	灾害数>16次，赈灾比例<50%	高灾害低赈灾	74	27.6
	灾害数>16次，赈灾比例≥50%	高灾害高赈灾	39	14.6
人口增殖率	≤5.79‰（包括负增殖率）	低增殖率	168	62.7
	>5.79‰	高增殖率	100	37.3
米价指数	≤100%	低米价	143	53.4
	>100%	高米价	125	46.6
饥荒与赈灾	饥荒数=0	无饥荒	4	1.5
	0<饥荒数≤3次，赈灾比例<50%	低饥荒低赈灾	44	16.4
	0<饥荒数≤3次，赈灾比例≥50%	低饥荒高赈灾	110	41.0
	饥荒数>3次，赈灾比例<50%	高饥荒低赈灾	21	7.8
	饥荒数>3次，赈灾比例≥50%	高饥荒高赈灾	89	33.2
农民战争	=0	无战争	195	72.8
	=1次	战争不频繁	40	14.9
	≥2次	战争频繁	33	12.3

由表5-3，还可得知每种情况的频数和频率统计。传递路径开端的气温均值偏离变量，有142年处于冷期，占53.0%，有126年处于暖期，占47.0%，说明清代冷期和暖期的时间较为接近，差不多各占一半。自然灾害总数与赈灾分为4种情况，有129年处于低灾害低赈灾，占48.1%，有26年处于低灾害高赈灾，占9.7%，有74年处于高灾害低赈灾，占27.6%，有39年处于高灾害高赈灾，占14.6%。人口增长的代理变量为人口增殖率，有168年为低增殖率（包括负增殖率），占62.7%，有100年为高增殖率，占37.3%。对于米价指数这一变量，有143年处于低米价年份，占53.4%，有125年处于高米价年份，占46.6%。饥荒与赈灾分为5种情况，有44年处于低饥荒低赈灾，占16.4%，有110年处于低饥荒高赈灾，占41.0%，有21年处于高饥荒低赈灾，占7.8%，有89年处于高饥荒高赈灾，占33.2%，此外还有4年无饥荒发生，占1.5%。传递路径的终端响应是农民战争，作为社会稳定的代理变量有3种情况，有195年属于无战争，占72.8%，有40年属于战争不频繁，占14.9%，有33年属于战争频繁，占12.3%。

5.5 结果分析

根据图5-1，需要考察两条路径的具体形式以及自然灾害、人口增殖率共同对米价高低的影响。首先根据气候冲击说得到影响供给的路径，气温冷暖→自然灾害与赈灾→米价高低→饥荒与赈灾→农民起义；然后是根据人口压力说得到影响需求的路径，人口增殖率高低→米价高低→饥荒与赈灾→农民起义。在此处暂不考虑玉米与甘薯的影响，因为玉米与甘薯的亩产数据寥寥无几，没有年度的时序数据，只能放在下一章的计量模型中考虑。

对于第一条路径，根据表 5-2 的情景划分和排列组合，共有 240 种可能的情况（气温 2×自然灾害与赈灾 4×米价 2×饥荒与赈灾 5×农民起义 3）；第二条路径共有 60 种可能的情况（人口 2×米价 2×饥荒与赈灾 5×农民起义 3）；在探讨自然灾害与赈灾、人口增殖率共同对粮价高低的影响时，共有 16 种可能的情况（自然灾害与赈灾 4×人口 2×米价 2）。清代一共持续了 268 年，于是可以判定不少可能的情况很少发生甚至不发生。

5.5.1 基于气候冲击的路径选择

路径分析的时间分辨率为年，一共出现了 84 种情况，其中频数大于或等于 3 次的有 41 种情况，频数大于或等于 5 次的有 17 种情况，所有的路径情况如表 5-4 所示。其中“冷期”开端的共有 46 种情况，“暖期”开端的共有 38 种情况。能传递到农民战争的情况有 37 种，其中“冷期”开端的共有 22 种情况，“暖期”开端的共有 15 种情况。频数最高（16 次）的路径是冷期→低灾害低赈灾→低米价→低饥荒高赈灾→无战争。能传递到农民战争且频数大于或等于 3 次的情况有 11 种，频数最高（6 次）的路径是暖期→低灾害低赈灾→低米价→低饥荒高赈灾→战争频繁。这个结果值得注意，目前大部分研究气候冲击的文章都注重“冷”的影响，而忽略了“暖”的影响，事实上气温过高导致的自然灾害更为严重（表 5-5）。

表 5-4　基于气候冲击的所有路径

路径	频数（次）	路径	频数（次）	路径	频数（次）	路径	频数（次）
00010	16	10100	4	00021	2	01131	1
10110	14	10112	4	00110	2	02012	1
10010	10	10130	4	00131	2	02041	1
00000	9	12000	4	02001	2	02100	1
01130	8	12010	4	02011	2	02111	1
02030	8	12030	4	02112	2	03040	1
00030	6	12110	4	02120	2	03111	1
01110	6	12131	4	02132	2	03120	1
02010	6	13000	4	10120	2	03131	1
10012	6	00011	3	11110	2	10001	1
13030	6	00012	3	13110	2	10002	1
13130	6	00111	3	13120	2	10020	1
00020	5	00132	3	13131	2	10111	1
00130	5	02131	3	00022	1	10142	1
02000	5	03030	3	00032	1	11010	1
12130	5	03130	3	00040	1	12012	1
13010	5	10000	3	00100	1	12020	1
01010	4	10102	3	00102	1	12102	1
02020	4	10131	3	00112	1	12111	1
02130	4	11130	3	00120	1	13100	1
10011	4	00001	2	01030	1	13132	1

注：路径的五位代码从左到右分别代表气温、自然灾害与赈灾、米价、饥荒与赈灾、农民战争。代表气温的代码，0 表示冷期，1 表示暖期；代表自然灾害与赈灾的代码，0 表示低灾害低赈灾，1 表示低灾害高赈灾，2 表示高灾害低赈灾，3 表示高灾害高赈灾；代表米价的代码，0 表示低米价，1 表示高米价；代表饥荒与赈灾的代码，0 表示低饥荒低赈灾，1 表示低饥荒高赈灾，2 表示高饥荒低赈灾，3 表示高饥荒高赈灾，4 代表无饥荒；代表农民战争的代码，0 表示无战争，1 表示战争不频繁，2 表示战争频繁。

由表 5-5 可以看出，“冷期”开端导致“战争频繁”的有 14 年，“暖期”开端导致“战争频繁”的有 18 年，这个结论与方修琦等（2015）的结论不一致，说明气温方面的影响在清代已不占主导地位，影响农民战争的因素更多在于经济、社会方面。“冷期”开端导致“发生战争”的有 38 年，“暖期”开端导致“发生战争”的有 34 年，结果相差不大，再次证明气温对清代农民起义的直接影响已经很小。但是，在当年出现饥荒的情况下，则有 71 次出现了农民战争，说明饥荒的作用是较为明显的，符合假说一的结论。表 5-6 列出了基于气候冲击的每一层路径传递的百分比。

表 5-5　传递到农民战争的路径情况（基于气候冲击）

主要路径	频数（次）
冷期→低灾害低赈灾→低米价→低饥荒高赈灾→战争不频繁	3
冷期→低灾害低赈灾→低米价→低饥荒高赈灾→战争频繁	3
冷期→低灾害低赈灾→高米价→低饥荒高赈灾→战争不频繁	3
冷期→低灾害低赈灾→高米价→高饥荒高赈灾→战争频繁	3
冷期→低灾害高赈灾→高米价→高饥荒高赈灾→战争不频繁	3
冷期→低灾害低赈灾→低米价→低饥荒低赈灾→战争不频繁	2
冷期→低灾害低赈灾→低米价→高饥荒低赈灾→战争不频繁	2
冷期→低灾害低赈灾→高米价→高饥荒高赈灾→战争不频繁	2
冷期→高灾害低赈灾→低米价→低饥荒低赈灾→战争不频繁	2
冷期→高灾害低赈灾→低米价→低饥荒高赈灾→战争不频繁	2
冷期→高灾害低赈灾→高米价→低饥荒高赈灾→战争频繁	2
冷期→低灾害低赈灾→低米价→高饥荒低赈灾→战争频繁	1
冷期→低灾害低赈灾→低米价→高饥荒高赈灾→战争频繁	1

（续）

主要路径	频数（次）
冷期→低灾害低赈灾→高米价→低饥荒低赈灾→战争频繁	1
冷期→低灾害低赈灾→高米价→低饥荒高赈灾→战争频繁	1
冷期→低灾害低赈灾→高米价→低饥荒高赈灾→战争频繁	1
冷期→低灾害高赈灾→高米价→高饥荒高赈灾→战争不频繁	1
冷期→高灾害低赈灾→低米价→低饥荒高赈灾→战争频繁	1
冷期→高灾害低赈灾→低米价→无饥荒→战争不频繁	1
冷期→高灾害低赈灾→高米价→低饥荒高赈灾→战争不频繁	1
冷期→高灾害高赈灾→高米价→低饥荒高赈灾→战争不频繁	1
冷期→高灾害高赈灾→高米价→高饥荒高赈灾→战争不频繁	1
暖期→低灾害低赈灾→低米价→低饥荒高赈灾→战争频繁	6
暖期→低灾害低赈灾→低米价→低饥荒高赈灾→战争不频繁	4
暖期→低灾害低赈灾→高米价→低饥荒高赈灾→战争频繁	4
暖期→高灾害低赈灾→高米价→高饥荒高赈灾→战争不频繁	4
暖期→低灾害低赈灾→高米价→低饥荒低赈灾→战争频繁	3
暖期→低灾害低赈灾→高米价→高饥荒高赈灾→战争不频繁	3
暖期→高灾害高赈灾→高米价→高饥荒高赈灾→战争不频繁	2
暖期→低灾害低赈灾→低米价→低饥荒低赈灾→战争不频繁	1
暖期→低灾害低赈灾→低米价→低饥荒低赈灾→战争频繁	1
暖期→低灾害低赈灾→高米价→低饥荒高赈灾→战争不频繁	1
暖期→低灾害低赈灾→高米价→无饥荒→战争频繁	1
暖期→高灾害低赈灾→低米价→低饥荒高赈灾→战争频繁	1
暖期→高灾害低赈灾→高米价→低饥荒低赈灾→战争频繁	1
暖期→高灾害低赈灾→高米价→低饥荒高赈灾→战争不频繁	1
暖期→高灾害高赈灾→高米价→高饥荒高赈灾→战争频繁	1

由表5-6可以看出，无论“冷期”还是“暖期”，都是最可能传递到“低灾害低赈灾”，说明气温的影响大多数是中性的，自然灾害也呈个案发生；其次是传递到“高灾害低赈灾”，说明极端气温容易导致大规模自然灾害的发生，在国家能力不强的阶段，无法进行全面赈灾。“冷期”传递到下一层概率最低的是“高灾害高赈灾”，而“暖期”传递到下一层概率最低的是“低灾害高赈灾”。自然灾害与赈灾向下一层的米价传递时，发现不少“低灾害”和“高赈灾”的情况反而导致“高米价”，这与实际不符，说明米价除了受供给方面——自然灾害与赈灾影响，还可能受需求方面人口增殖率的影响，这点放在下一小节讨论。米价向下一层的饥荒与赈灾传递时，发现“高米价”几乎都导致了“高饥荒”，只有“暖期”且“低灾害低赈灾”的情况下，“高米价”才没能导致“高饥荒”。这说明米价是可以直接影响到饥荒的变量。饥荒与赈灾向终端的农民战争传递时，“高饥荒”的情况多数会导致农民战争的发生，甚至农民战争比较频繁，但“高饥荒”或者“低赈灾”有时也未导致农民战争的爆发，说明除了赈灾在起作用，玉米和甘薯在饥荒年份也起着重要的作用，这部分留到下一章讨论。

表5-6 基于气候冲击传递路径百分比

气温	自然灾害与赈灾	米价	饥荒与赈灾	农民战争
冷期 53%	低灾害低赈灾 47.9%	低米价 72.1%	低饥荒低赈灾 22.4%	无战争 81.8% 不频繁 18.2%

（续）

气温	自然灾害与赈灾	米价	饥荒与赈灾	农民战争
			低饥荒高赈灾 44.9%	无战争 72.7% 不频繁 13.6% 频繁 13.6%
			高饥荒低赈灾 16.3%	无战争 62.5% 不频繁 25.0% 频繁 12.5%
			高饥荒高赈灾 14.3%	无战争 85.7% 频繁 14.3%
		高米价 27.9%	无饥荒 2.0%	无战争 100.0%
			低饥荒低赈灾 13.3%	无战争 50.0% 频繁 50.0%
			低饥荒高赈灾 26.7%	不频繁 75.0% 频繁 25.0%
			高饥荒低赈灾 6.7%	无战争 100.0%
			高饥荒高赈灾 53.3%	无战争 62.5% 频繁 37.5%
	低灾害高赈灾 14.1%	低米价 25.0%	低饥荒高赈灾 80.0%	无战争 100.0%
			高饥荒高赈灾 20.0%	无战争 100.0%
		高米价 75.0%	低饥荒高赈灾 40.0%	无战争 100.0%
			高饥荒高赈灾 60.0%	无战争 88.9% 不频繁 11.1%

（续）

气温	自然灾害与赈灾	米价	饥荒与赈灾	农民战争
	高灾害低赈灾 31.0%	低米价 65.9%	低饥荒低赈灾 24.1%	无战争 71.4% 不频繁 28.6%
			低饥荒高赈灾 31.0%	无战争 66.7% 不频繁 22.2% 频繁 11.1%
			高饥荒低赈灾 13.8%	无战争 100.0%
			高饥荒高赈灾 27.6%	无战争 100.0%
			无饥荒 3.4%	不频繁 100.0%
		高米价 34.1%	低饥荒低赈灾 6.7%	无战争 100.0%
			低饥荒高赈灾 20.0%	不频繁 33.3% 频繁 66.7%
			高饥荒低赈灾 13.3%	无战争 100.0%
			高饥荒高赈灾 60.0%	无战争 44.4% 不频繁 33.3% 频繁 22.2%
	高灾害高赈灾 7.0%	低米价 40.0%	高饥荒高赈灾 75.0%	无战争 100.0%
			无饥荒 25.0%	无战争 100.0%
		高米价 60.0%	低饥荒高赈灾 16.7%	不频繁 100.0%
			高饥荒低赈灾 16.7%	无战争 100.0%

（续）

气温	自然灾害与赈灾	米价	饥荒与赈灾	农民战争
暖期 47%	低灾害低赈灾 49.2%	低米价 41.9%	高饥荒高赈灾 66.7%	无战争 75.0% 不频繁 25.0%
			低饥荒低赈灾 19.2%	无战争 60.0% 不频繁 20.0% 频繁 20.0%
			低饥荒高赈灾 76.9%	无战争 50.0% 不频繁 20.0% 频繁 30.0%
			高饥荒低赈灾 3.8%	无战争 100.0%
		高米价 58.1%	低饥荒低赈灾 19.4%	无战争 57.1% 频繁 42.9%
			低饥荒高赈灾 52.8%	无战争 73.6% 不频繁 5.3% 频繁 21.1%
			高饥荒低赈灾 5.6%	无战争 100.0%
			高饥荒高赈灾 19.4%	无战争 57.1% 不频繁 42.9%
			无饥荒 2.8%	频繁 100.0%
	低灾害高赈灾 4.8%	低米价 16.7%	低饥荒高赈灾 100%	无战争 100.0%
		高米价 83.3%	低饥荒高赈灾 40.0%	无战争 100.0%
			高饥荒高赈灾 60.0%	无战争 100.0%
	高灾害低赈灾 23.0%	低米价 48.3%	低饥荒低赈灾 28.6%	无战争 100.0%

（续）

气温	自然灾害与赈灾	米价	饥荒与赈灾	农民战争
			低饥荒高赈灾 35.7%	无战争 80.0% 频繁 20.0%
			高饥荒低赈灾 7.1%	无战争 100.0%
			高饥荒高赈灾 28.6%	无战争 100.0%
		高米价 51.7%	低饥荒低赈灾 6.7%	频繁 100.0%
			低饥荒高赈灾 33.3%	无战争 80.0% 不频繁 20.0%
			高饥荒高赈灾 60.0%	无战争 55.6% 不频繁 44.4%
	高灾害高赈灾 23.0%	低米价 51.7%	低饥荒低赈灾 26.7%	无战争 100.0%
			低饥荒高赈灾 33.3%	无战争 100.0%
			高饥荒高赈灾 40.0%	无战争 100.0%
		高米价 48.3%	低饥荒低赈灾 7.1%	无战争 100.0%
			低饥荒高赈灾 14.3%	无战争 100.0%
			高饥荒低赈灾 14.3%	无战争 100.0%
			高饥荒高赈灾 64.3%	无战争 66.7% 不频繁 22.2% 频繁 11.1%

注：表中每一个百分比数据，均是在前面所有条件都成立情况下的条件概率。

5.5.2 基于人口压力的路径选择

如果以人口增殖率为开端，一共出现了 37 种情况，其中频数大于或等于 5 次的有 18 种情况，频数大于或等于 10 次的有 8 种情况，所有的路径情况如表 5-7 所示。其中以“低增殖率”为开端的共有 20 种情况，以“高增殖率”为开端的共有 17 种情况；频数最高（31 次）的路径是低增殖率→低米价→低饥荒高赈灾→无战争；能传递到农民战争的情况有 18 种，其中以“低增殖率”为开端的共有 10 种情况，以“高增殖率”为开端的共有 8 种情况；能传递到农民战争且频数大于等于 3 次的情况有 8 种，频数最高（15 次）的路径是低增殖率→高米价→高饥荒高赈灾→战争不频繁（表 5-8）。

表 5-7 基于人口压力的所有路径

路径	频数（次）	路径	频数（次）	路径	频数（次）
0000	12	0110	7	1011	4
0001	4	0111	5	1012	3
0002	1	0112	7	1020	3
0010	31	0120	5	1021	1
0011	5	0130	28	1030	11
0012	8	0131	15	1040	2
0020	7	0132	6	1041	1
0021	1	0142	1	1100	7
0022	1	1000	12	1110	23
0030	18	1001	2	1111	2

（续）

路径	频数（次）	路径	频数（次）	路径	频数（次）
0032	1	1002	1	1120	3
0102	5	1010	15	1130	9
				1131	1

注：路径的四位代码从左到右分别代表人口增殖率、米价、饥荒与赈灾、农民战争。代表人口增殖率的代码，0 表示低增殖率，1 表示高增殖率；代表米价的代码，0 表示低米价，1 表示高米价；代表饥荒与赈灾的代码，0 表示低饥荒低赈灾，1 表示低饥荒高赈灾，2 表示高饥荒低赈灾，3 表示高饥荒高赈灾，4 代表无饥荒；代表农民战争的代码，0 表示无战争，1 表示战争不频繁，2 表示战争频繁。

表 5-8 传递到农民起义的路径情况（基于人口压力）

主要路径	频率（年）
低增殖率→低米价→低饥荒低赈灾→战争不频繁	4
低增殖率→低米价→低饥荒高赈灾→战争不频繁	5
低增殖率→低米价→低饥荒高赈灾→战争频繁	8
低增殖率→低米价→高饥荒低赈灾→战争不频繁	1
低增殖率→低米价→高饥荒低赈灾→战争频繁	1
低增殖率→低米价→高饥荒高赈灾→战争频繁	1
低增殖率→高米价→低饥荒高赈灾→战争不频繁	5
低增殖率→高米价→高饥荒高赈灾→战争不频繁	15
低增殖率→高米价→高饥荒高赈灾→战争频繁	6
低增殖率→高米价→无饥荒→战争频繁	1
高增殖率→低米价→低饥荒低赈灾→战争不频繁	2
高增殖率→低米价→低饥荒低赈灾→战争频繁	1
高增殖率→低米价→低饥荒高赈灾→战争不频繁	4
高增殖率→低米价→低饥荒高赈灾→战争频繁	3
高增殖率→低米价→高饥荒低赈灾→战争不频繁	1

（续）

主要路径	频率（年）
高增殖率→低米价→无饥荒→战争不频繁	1
高增殖率→高米价→低饥荒高赈灾→战争不频繁	2
高增殖率→高米价→高饥荒高赈灾→战争不频繁	1

由表 5-8 可以看出，以“低增殖率”为开端导致“战争频繁”的有 17 年，以“高增殖率”为开端导致“战争频繁”的只有 4 年，这个结论与人口压力说的结论相悖，一方面说明清代人口增殖率未必能直接影响农民战争，另一方面可以认为人口增长得快是经济繁荣的标志，而经济繁荣又可以抑制农民战争的爆发。以“低增殖率”为开端导致“发生战争”的有 47 年，以“高增殖率”为开端导致“发生战争”的有 15 年，结果较为悬殊，再次证明人口增长并不等同于人口压力，只有出现了饥荒，在粮食方面打破供需平衡后，过快的人口增长才导致人口压力。表 5-9 列出了基于人口压力的每一层路径传递的百分比。

由表 5-9 可看出，清代大部分年份的人口都处于“低增殖率”阶段，占 62.7%，只有 37.3%的年份人口处于“高增殖率”阶段。在“低增殖率”为开端的情况下，有 53%的年份处于“低米价”，有 47%的年份处于“高米价”；在“高增殖率”为开端的情况下，有 55%的年份处于“低米价”，有 45%的年份处于“高米价”。与气候冲击类似，可能单独的人口增殖率也无法直接影响米价，可能只有在气候冲击和人口增殖率共同作用下才影响到米价。

表 5-9 基于人口压力传递路径百分比

人口增殖率	米价	饥荒与赈灾	农民战争
低增殖率 62.7%	低米价 53.0%	低饥荒低赈灾 19.1%	无战争 70.6%
			不频繁 23.5%
			频繁 5.9%
		低饥荒高赈灾 49.4%	无战争 70.4%
			不频繁 11.4%
			频繁 18.2%
		高饥荒低赈灾 10.1%	无战争 77.8%
			不频繁 11.1%
			频繁 11.1%
		高饥荒高赈灾 21.3%	无战争 94.7%
			频繁 5.3%
	高米价 47.0%	低饥荒低赈灾 6.3%	频繁 100.0%
		低饥荒高赈灾 24.1%	无战争 36.8%
			不频繁 26.3%
			频繁 36.9%
		高饥荒低赈灾 6.3%	无战争 100.0%
		高饥荒高赈灾 62.0%	无战争 57.1%
			不频繁 30.6%
			频繁 12.3%
		无饥荒 1.3%	频繁 100.0%
高增殖率 37.3%	低米价 55.0%	低饥荒低赈灾 27.2%	无战争 80.0%
			不频繁 13.3%
			频繁 6.7%
		低饥荒高赈灾 40.0%	无战争 68.2%
			不频繁 18.2%
			频繁 13.6%

（续）

人口增殖率	米价	饥荒与赈灾	农民战争
		高饥荒低赈灾 7.3%	无战争 75.0%
			不频繁 25.0%
		高饥荒高赈灾 20.0%	无战争 100.0%
		无饥荒 5.5%	无战争 66.7%
			不频繁 33.3%
	高米价 45.0%	低饥荒低赈灾 15.6%	无战争 100.0%
		低饥荒高赈灾 55.6%	无战争 92.0%
			不频繁 8.0%
		高饥荒低赈灾 6.7%	无战争 100.0%
		高饥荒高赈灾 22.2%	无战争 90.0%
			不频繁 10.0%

注：表中每一个百分比数据，均是在前面所有条件都成立情况下的条件概率。

研究气候冲击和人口增殖率共同对米价的影响，使用的方法是控制变量法。如表 5 - 10 所示，首先控制人口增殖率，分析自然灾害与赈灾对米价的影响，2 行和 10 行、4 行和 12 行、6 行和 14 行、8 行和 16 行为一组，3 行和 11 行、5 行和 13 行、7 行和 15 行、9 行和 17 行为另一组。第一组最终的结果都是低米价，但是从低灾害变成高灾害之后，除了 8 行和 16 行这一对，低米价的年数都变少了，说明当人口增殖率维持在同一水平上，自然灾害确实能影响米价；8 行和 16 行这一对是“高灾害高赈灾”的情况，之所以没有使低米价的年数变少，很可能是赈灾在起作用，因为同时出现“高灾害”和“高增殖率”是一个危险的信号，清政府会相当重视。第二组最终的结果都是高米价，3 行和 11 行、7 行和 15 行都是处于低增殖率的情况下，从低灾害变成高灾害之后，高米价在既定条件下的频率都变大了；5 行和 13 行、9 行和 17 行都是处于高增殖率的情况下，从低灾害变成高灾害之后，高米价在既定条件下的频率却变小了，有可能是清政府在灾害和人口双重压力下全力赈灾的结果。

表 5－10　自然灾害与赈灾、人口增殖率对米价的影响

自然灾害与赈灾	人口增殖率	米价	频数（年）	既定条件下的频率（%）
低灾害低赈灾	低增殖率	低米价	53	63.1
低灾害低赈灾	低增殖率	高米价	31	36.9
低灾害低赈灾	高增殖率	低米价	21	46.7
低灾害低赈灾	高增殖率	高米价	24	53.3
低灾害高赈灾	低增殖率	低米价	4	21.1
低灾害高赈灾	低增殖率	高米价	15	78.9
低灾害高赈灾	高增殖率	低米价	1	14.3
低灾害高赈灾	高增殖率	高米价	6	85.7
高灾害低赈灾	低增殖率	低米价	29	58.0
高灾害低赈灾	低增殖率	高米价	21	42.0
高灾害低赈灾	高增殖率	低米价	15	62.5
高灾害低赈灾	高增殖率	高米价	9	37.5
高灾害高赈灾	低增殖率	低米价	1	6.7
高灾害高赈灾	低增殖率	高米价	14	93.3
高灾害高赈灾	高增殖率	低米价	18	75.0
高灾害高赈灾	高增殖率	高米价	6	25.0

注：既定条件下的频率是指自然灾害与赈灾、人口增殖率都相同的情况下，高米价和低米价各占的百分比，在表中第 2、3 行就是一组既定条件，其余可以以此类推。

然后控制自然灾害与赈灾，分析人口增殖率对米价的影响，2 行和 4 行、6 行和 8 行、10 行和 12 行、14 行和 16 行为一组，3 行和 5 行、7 行和 9 行、11 行和 13 行、15 行和 17 行为另一组。第一组最终的结果都是低米价，从低增殖率变为高增殖率之后，除了 14 行和 16 行这一对，低米价的年数都变少了，说明当自然灾害和赈灾维持在同一水平上，人口增殖率确实能影响米价；14 行和 16 行这一对是“高灾害高赈灾”的情况，之所以没有使低米价的年数变少，很可能也是赈灾在起作用。第二组最终的结果都是高米价，3 行和 5 行、7 行和 9 行都是处于“低灾害”的情况，从低增殖率变为高增殖率之后，高米价在既定条件下的频率都变大了；11 行和 13 行、15 行和 17 行都是处于“高灾害”的情况，从低增殖率变为高增殖率之后，高米价在既定条件下的频率却变小了，同控制人口增殖率的情形一样，也可能是清政府在灾害和人口双重压力下全力赈灾的结果。

5.6 本章小结

本章首先进行相关分析以初步确定基于气候冲击的传导路径，然后理论分析传导路径的合理性，并从要素、技术和制度的角度分析影响农民起义的因素，最后定量分析基于气候冲击和基于人口压力的传导路径的具体形式，并从供需两个角度探讨影响米价指数的因素。

首先进行相关分析。从显著性来看，气温均值偏离与人口数量、米价指数、饥荒高度相关[①]，人口数量与米价指数、农民战争、饥荒高度相关，米价指数与饥荒、农民战争高度相关。从相关系数的绝对值来看，除了人口数量与米价指数、人口数量与饥荒的相关系数的绝对值大于0.5，其余变量间的相关系数都比较小，这说明自然系统的负向冲击不一定能直接对社会系统造成影响，但经济系统和社会系统的关联密切，一旦经济系统出现了大幅度波动，社会系统也会受其影响。从主对角线上的相关系数来看，全部至少在0.1的显著水平上显著，而且相关系数的正负性与常识相符，可初步认为从温度异常到农民战争的路径有可能是温度异常→灾害频发→米价上涨→饥荒频发→发生起义。

气温异常属于自然系统的变异，自然灾害在一定程度上是由气温异常所致，例如气温偏离均值为负值时，就容易导致低温类灾害。自然灾害能对经济系统产生直接的影响。一般而言，自然灾害能导致粮食产量的减少，从供给方面影响到米价指数。虽然没有直接证据可以证明自然灾害能影响人口数量，但是人口数量可以从需求方面影响到米价指数。自然灾害和人口数量都能直接影响到米价指数，对自然灾害进行赈灾也可以适当降低米价指数。当经济系统出现危机又没能缓解时，社会系统就会受到影响。如果米价指数持续居高不下，社会就会出现大范围的饥荒，饥荒是对粮食市场供需失衡的响应。出现饥荒后，政府对饥荒的赈灾尤为重要，这是防止社会危机进一步恶化、爆发农民起义的最后一个节点。

---

① 相关系数在0.01的显著水平上显著为正或显著为负即高度相关。

由于气候冲击的区域性、时滞性，以及农业技术的提升、由国外引进的作物玉米和甘薯的种植，气候冲击的影响会从负向逐渐转为中性，也就是说气候冲击的影响力会越来越小。人口数量和人口增殖率上升不一定成为人口压力，相反，在多数情况下可以看作是政通人和、国力强盛的体现，只有在人口数量超过环境容量时才会出现人口压力。

清代农业技术和制度对农民战争的影响没有像土地、人口要素那么直接和明显，虽然清代没有发生过革命性的技术创新，但是新大陆作物的推广，无疑对清代的社会稳定作出了很大贡献，除此之外，复种技术也是一个突破。滋生人丁永不加赋和分家析产制度对要素的影响是比较小的，而且需要较长时间才能体现出来，而且这两种制度并没有激发技术的创新，对农民起义的作用也不明显，其主要作用是保证清王朝的税收。

在确定传导路径的具体形式时，首先界定了每个传导环节各种情况的标准，并统计各种情况的频数和频率。然后确定基于气候冲击的具体传导路径：一共出现了 84 种情况，其中频数大于或等于 3 次的有 41 种情况，频数大于或等于 5 次的有 17 种情况，频数最高（16 次）的路径是冷期→低灾害低赈灾→低米价→低饥荒高赈灾→无战争；以“冷期”为开端的共有 46 种情况，以“暖期”为开端的共有 38 种情况；能传递到农民战争的情况有 37 种，其中以“冷期”为开端的共有 22 种情况，以“暖期”为开端的共有 15 种情况；能传递到农民战争且频数大于或等于 3 次的情况有 11 种，频数最高（6 次）的路径是暖期→低灾害低赈灾→低米价→低饥荒高赈灾→战争频繁。气温均值偏离对农民战争的影响已不占主导地位，饥荒的作用是较为明显的。最后确定基于人口压力的具体传导路径：一共出现了 37 种情况，其中频数大于或等于 5 次的有 18 种情况，频数大于或等于 10 次的有 8 种情况；以“低增殖率”为开端的共有 20 种情况，以“高增殖率”为开端的共有 17 种情况，频数最高（31 次）的路径是低增殖率→低米价→低饥荒高赈灾→无战争；能传递到农民战争的情况有 18 种，其中以“低增殖率”为开端的共有 10 种情况，以“高增殖率”为开端的共有 8 种情况；能传递到农民战争且频数大于或等于 3 次的情况有 8 种，频数最高（15 次）的路径是低增殖率→高米价→高饥荒高赈灾→战争不频繁。

研究气候冲击和人口增殖率共同对米价的影响，使用的是控制变量法。经过统计，无论是从“低灾害”变为“高灾害”，还是从“低增殖率”变为“高增殖率”，低米价的年数都变少了，说明影响供给的自然灾害和影响需求的人口增殖率都对米价有影响。一个有趣的现象是，如果同时出现了“高灾害”和“高增殖率”的情况，高米价的年数反而很少，这说明清政府对这种“高危信号”尤为重视，通过加大赈灾力度控制了米价。

传导路径从开端到最终响应，每一层的百分比都在衰减，这说明越到后面的系统越是能控制的，也就是说对社会系统的控制要比对经济系统的控制容易，而对经济系统的控制又要比对自然系统的控制容易。可以认为，社会系统中影响农民起义的因素要比自然系统复杂得多，例如某些案件地方官员处理不善就可能导致一场农民战争。

6 农民战争的计量分析

本章主要有两个任务，一是通过统计学方法验证王朝周期说和宗教对农民战争的影响，二是使用计量模型，检验由三个学说推导的假说，即用气候冲击、人口压力、国家能力的代理变量对农民战争进行回归，并对其间的因果关系进行定量分析。

6.1 按时间划分的赈灾情况

要初步检验王朝周期说，首先要对王朝进行划分。对清前期与后期的划分，一个比较公认的时间节点是 1840 年，一方面 1840 年是中国古代和近代的分界线，另一方面这一年的鸦片战争，使得中国开始沦为半殖民地社会。将清代仅仅划分为前期和后期，还是不够精确，因为前期（1644—1839 年）共有 196 年，后期（1840—1911 年）共有 72 年，在这两个大时期内无论经济上还是社会上都存在一些变化，于是再按年号将整个清代细分。本书只考虑清入关后的十位皇帝，是因为在入关前的两位皇帝还没有掌握全国政权，不少数据因对应明代而不具有代表性。

6.1.1 清代前、后期情况对比

体现国家能力的变量是赈灾，如果清前期与后期的赈灾有显著不同，说明国家能力也有所变化。本节同时也考察自然灾害、人口、米价指数、饥荒等变量在清代前、后期是否有改变，因为这些变量都会影响赈灾情况。自然灾害和饥荒过于频繁、人口数量过高，都不利于赈灾的开展，表现为国家无力全面赈灾。本节使用单因素方差分析进行检验，这个方法在大样本（样本量大于30）的情况下对方差齐性的要求不高，有较强的稳健性。

由表 6-1 可以看出，作为国家能力的代理变量，无论是自然灾害赈灾还是饥荒赈灾，差异都在 0.01 水平上显著，说明清前期与后期的赈灾确实显著不同，可初步判断清前期与后期国家能力有所不同。自然灾害总数、旱灾、霜灾、人口数量、人口增殖率、米价指数、饥荒、农民战争这些变量，差异在 0.01 水平上显著，说明它们在清前期与后期的差异非常显著；气温均值偏离、虫灾、沙尘暴这三个变量的差异在 0.05 水平上显著，说明它们在清前期与后期的差异较为显著；水灾、风灾、雹灾、雪灾、低温类灾害、蝗灾、鸟兽鼠害、畜疫、沙尘暴、水土流失的差异在 0.05 水平上不显著，说明它们在清前期与后期的差异并不明显。

清前期与后期的差异并不明显的变量都是自然灾害变量。水灾是最频繁的自然灾害，是唯一每年都有发生的灾害，于是在清前期与后期并没有显著差异；风灾、雹灾、蝗灾、沙尘暴也是较为频繁的灾害，发生时间分布也较为平均，在清前期与后期也没

有显著差异；雪灾、低温类灾害、鸟兽鼠害、畜疫、水土流失属于较不频繁灾害，所以年均发生次数都比较小而且较为接近，从而导致了无显著差异。只有旱灾、霜灾、虫灾、沙尘暴这四种自然灾害在清前期与后期的差异是显著的，说明大多数种类的自然灾害发生频率较为一致。清代的人口数量、人口增殖率、米价指数、饥荒、农民战争在前期和后期的差异显著，说明清代前、后期的赈灾存在差异，这既可能是国家能力所致，也可能是经济因素和社会因素所致。

表6-1　单因素方差分析结果

变量	F统计量	p值	差异是否显著
灾害赈灾	21.475	0.000	是
饥荒赈灾	60.969	0.000	是
气温均值偏离	6.515	0.011	是
自然灾害总数	10.518	0.001	是
水灾	0.655	0.419	否
旱灾	19.274	0.000	是
风灾	0.890	0.346	否
雹灾	1.240	0.266	否
雪灾	2.390	0.123	否
霜灾	11.195	0.001	是
低温类灾害	0.055	0.814	否
蝗灾	0.307	0.580	否
虫灾	5.811	0.017	是
鸟兽鼠害	0.016	0.898	否
畜疫	0.366	0.545	否

（续）

变量	F统计量	p值	差异是否显著
沙尘暴	3.863	0.050	是
水土流失	2.358	0.126	否
人口数量	222.175	0.000	是
人口增殖率	27.629	0.000	是
米价指数	49.174	0.000	是
饥荒	9.173	0.003	是
农民战争	32.336	0.000	是

注：差异是否显著是在0.05的显著水平上作出判断；沙尘暴这一变量的p值为0.05，处于临界值上，也认为差异是显著的。

6.1.2 清代按皇帝划分的情况

清代入关以后共有10位皇帝[①]，顺治、康熙、雍正、乾隆、嘉庆这五位皇帝于清前期在位，咸丰、同治、光绪、宣统这四位皇帝于清后期在位，道光皇帝则跨越了清代前、后期。以下统计各种自然灾害、饥荒、农民战争及赈灾在每位皇帝在位期间的发生情况，如表6-2所示。

由表6-2可知，自然灾害发生总数排前三位的分别是乾隆、康熙和道光三朝，分别发生了1 421次、872次、534次灾害，可能是这三朝持续时间比较长所致；自然灾害赈灾排前三位的分

---

① 每位皇帝的年号及其在位时间如下：顺治（1644—1661年）、康熙（1662—1722年）、雍正（1723—1735年）、乾隆（1736—1795年）、嘉庆（1796—1820年）、道光（1821—1850年）、咸丰（1851—1861年）、同治（1862—1874年）、光绪（1875—1908年）、宣统（1909—1911年）。

表 6－2　清代按皇帝划分的自然灾害、饥荒、赈灾及农民战争情况统计

皇帝	在位年数（年）	自然灾害总数（次）	年均（次）	自然灾害赈灾（次）	年均（次）	饥荒（次）	年均（次）	饥荒赈灾（次）	年均（次）	农民战争（次）	年均（次）
顺治	18	269	14.94	3	0.17	142	7.89	106	5.89	36	2.00
康熙	61	872	14.30	12	0.20	182	2.98	79	1.30	11	0.18
雍正	13	181	13.92	6	0.46	34	2.62	13	1.00	1	0.08
乾隆	60	1 421	23.68	714	11.90	188	3.13	107	1.78	5	0.08
嘉庆	25	280	11.20	25	1.00	49	1.96	24	0.96	13	0.52
道光	30	534	17.80	224	7.47	161	5.37	124	4.13	14	0.47
咸丰	11	124	11.27	0	0.00	21	1.91	15	1.36	68	6.18
同治	13	192	14.77	23	1.77	37	2.85	22	1.69	37	2.85
光绪	34	476	14.00	254	7.47	177	5.21	156	4.59	6	0.18
宣统	3	24	8.00	20	6.67	22	7.33	21	7.00	0	0.00

数据来源：张波等《中国农业自然灾害史料集》（陕西科学技术出版社，1994年版），中国军事史编写组《中国历代战争年表（下）》（解放军出版社，2006年版）。

别是乾隆、光绪和道光三朝，分别进行了 714 次、254 次、224 次赈灾，除了这三朝持续时间较长，此外，乾隆朝是清代最强盛的时期，于是赈灾也比较多；饥荒发生数量排前三位的分别是乾隆、康熙和光绪三朝，分别发生了 188 次、182 次、177 次灾害，也是因为这三朝持续时间比较长；饥荒赈灾排前三位的分别是光绪、道光和乾隆三朝，分别进行了 156 次、124 次、107 次赈灾，除了这三朝持续时间较长，也与该三朝社会问题比较突出有关，特别是道光朝的鸦片战争，光绪朝的西方列强侵略，都给老百姓带来了巨大灾难，清政府为了稳定民心，特别致力于饥荒赈灾。农民战争发生数量排前三位的分别是咸丰、同治和顺治三朝，分别发生了 68 次、37 次、36 次农民战争，咸丰朝农民战争比较多是因为太平天国运动，同治朝是因为太平天国运动和其后的捻军起义，顺治朝则是因为清初农民反清斗争。

单从总体数据来看，自然灾害等发生次数受到在位时间长短的影响，如果一位君主在位时间比较长，其在位期间内发生的自然灾害和饥荒也可能会多一些。于是有必要分析年均数据，才能体现赈灾难度和国家能力。从年均数据来看，自然灾害发生得频繁的前三位分别是乾隆、道光和顺治三朝，分别每年发生了 23.68 次、17.80 次、14.94 次灾害，乾隆和道光两朝不仅自然灾害发生的总数比较多，年均次数也比较多，说明赈灾难度相对较大；年均自然灾害赈灾排前三位的分别是乾隆、光绪和道光三朝，分别进行了 11.90 次、7.47 次、7.47 次赈灾，乾隆和道光两朝灾害频发，赈灾也比较多，说明这两朝是清代国力较强盛的时期；年均饥荒发生频繁的前三位分别是顺治、宣统和道光三朝，分别发生了 7.89 次、7.33 次、5.37 次灾害，这与自然灾害的情况不同，除了宣统朝时间过短、没有代表性，顺治朝处于清入关初期，饱经战乱的人们顾不上农业生产，饥荒相对较多，而道光朝则是因为气候开始变冷，自然灾害变多而导致饥荒较多；年均饥荒赈灾排前三位的分别是宣统、顺治和光绪三朝，分别进行了 7.00 次、5.89 次、4.59 次赈灾，这三朝分别面临清朝覆灭、明代残余势力的反扑和西方列强入侵等关系到政权生死存亡的危机，于是特别致力解决民生问题，年均饥荒赈灾比较多；年均农民战争发生频繁的前三位和农民战争总数的情况相同，分别是咸丰、同治和顺治三朝，分别发生了 6.18 次、2.85 次、2.00 次农民战争，一方面，这三朝的持续时间都比较短，分别只有 11 年、13 年和 18 年，另一方面，太平天国运动、捻军起义、清初农民反清斗争爆发得比较集中，于是这三朝年均农民战争的次数也比较多。

6.1.3 王朝周期与国家能力

由上一小节的分析得知，不同皇帝在位期间对自然灾害的赈灾和对饥荒的赈灾次数是不同的，乾隆朝的赈灾次数比较多，灾后赈灾次数居各朝之首，饥荒赈灾次数也排在第三，而乾隆朝的国力也是清代最为强盛的。王朝周期说得到直观的验证，但是王朝周期和国家能力还有一些值得注意的方面。

之前的研究在考察国家能力时，大多忽略了领土面积这一重要因素，除了经济发展，在清代，领土面积是个不可忽视的因素。清代所发生的每一次战争，几乎都伴随着领土面积的增减，而领土面积的大小又会影响国家能力。而且，每位皇帝执政期间面临的主要危机可能有所差别，这会影响到皇帝对赈灾的重视程度。但是，要准确计算每一年清王朝实际控制的领土面积并不容易，一方面是因为有时一年内就发生数次战争，年内的领土面积也会多次发生变化，另一方面，存在清王朝名义上的领土，但实际上控制力很弱或者完全失去控制，如当时的乌苏雅里台和晚清时期被西方列强"租借"的土地。皇帝的个体差异具体可以细分为个人智商、情商、行政能力、领导能力、艺术创造与鉴赏能力、勇武程度、努力程度等多个维度，这种差异的多维性意味着对其判断具有主观性，不容易测量，即使这个变量能够测量出来，也会存在非常大的测量偏误。

虽然难以定量测量领土面积和皇帝个体差异，但领土面积只随时间变化而皇帝差异只随个体变化，因此可以通过引入王朝存在时间这个变量和个体固定效应来解决因无法测量而导致的遗漏变量问题。为了刻画领土面积对国家赈灾能力的影响，需要引入王朝存在时间这个变量。为了刻画皇帝对赈灾的影响，需要加入皇帝个体固定效应，每位皇帝在位期间的能力可以认为不随时间变化。

6.2 基准模型与估计结果

本节通过选择基准模型，对气候冲击说、人口压力说、王朝周期说及国家能力进行定量检验。由于 LM 检验和豪斯曼检验选择的是固定效应模型，无法估计出玉米、甘薯这两个不随时间改变的变量，本节暂且不把这两个变量放入基准模型中，在下一节再考察玉米和甘薯的影响。

6.2.1 基准模型的选择

被解释变量农民起义（uprising）是计数变量，而且是面板数据，因此可以考虑使用计数模型中的泊松回归或负二项回归模型。其中泊松回归的假设是方差等于期望，即数据分散得比较均匀；而负二项回归的假设是方差大于期望，即数据存在过度分散（Cameron，Trivedi，2010；陈强，2014）。由表 4-1 可知，农民起义次数的方差是其均值的 4.51 倍，可初步判断使用负二项回归。通过 LR（似然比）检验，拒绝“不存在过度分散”的原假设，因此选用负二项回归进行估计。进一步地，由于农民起义次数中有大量的“0”值，占总量的 90%，自然可以想到使用零膨胀负二项回归，但目前尚没有现成的软件可以做面板数据的零膨胀负二项回归，因此暂不选用该模型作为基准模型①。故该书选用的面板负二项回归模型如下：

$$P_r\ (\text{uprising}_{it}=y \mid \mu,\ \alpha)$$

$$=\frac{\Gamma(\alpha^{-1}+y)}{\Gamma(\alpha^{-1})\Gamma(y+1)}\left(\frac{\alpha^{-1}}{\alpha^{-1}+\mu_{it}}\right)^{\alpha^{-1}}\left(\frac{\mu_{it}}{\alpha^{-1}+\mu_{it}}\right)^{y} \tag{6-1}$$

式中，α 是一个常数，Γ（·）是伽马积分，参数μ_{it}定义为

---

① 如果不把本书的数据当作面板数据，使用 Vuong 统计量检验该用零膨胀负二项回归还是标准的负二项回归，结果是 Vuong 统计量不大，应该使用标准负二项回归；但在零膨胀泊松回归还是标准的泊松回归中选择，Vuong 统计量结果显示需要使用零膨胀泊松回归，在下文会选用这两个模型作为比较模型。

$$\mu_{it}=\exp\left(\beta_0+\beta_1\,\text{dage}_t+\beta_2\,\text{disaster}_{it}+\beta_3\,\text{relieve}_{it}+\beta_4\,\text{population}_{it}+u_i+\varepsilon_{it}\right)$$

其中，dage_t为王朝周期的代理变量王朝存在时间，disaster_{it}为气候冲击的代理变量，包括气温均值偏离、各类自然灾害和饥荒，relieve_{it}为国家能力的代理变量，包括自然灾害赈灾比例和饥荒赈灾比例，population_{it}为人口压力的代理变量，包括人口数量和人口增殖率，β_1、β_2、β_3、β_4为系数所构成的向量，u_i代表皇帝的个体效应，i代表第i位君主，t代表第t年。该非平衡面板的$n=10$，$T=268$，即共有10位皇帝，时间跨度是268年。

确定模型结构之后，则需要考虑是选择混合回归、固定效应模型还是随机效应模型作为基准模型。直观上看，皇帝个体效应应该存在，也就是说不该采用混合回归模型。通过LM检验，验证了在混合回归模型和随机效应模型中应选择后者。进一步地，直观上看皇帝个体效应和解释变量中的赈灾可能存在相关关系，应该使用固定效应模型进行估计。豪斯曼检验的结果印证了这一观点，在固定效应模型和随机效应模型中应选择前者。整个基准模型选择过程如图6-1所示。

6.2.2　基准模型的结果

使用固定效应的负二项回归进行估计，第三位皇帝即雍正帝的13年数据被系统删掉，因为雍正帝在位期间只发生过1次农民战争，导致估计的系数为0。在基准模型中，模型（1）的解释变量包括人口数量和分种类的灾害，模型（2）的解释变量包括人口增殖率和分种类的灾害，模型（3）的解释变量包括人口

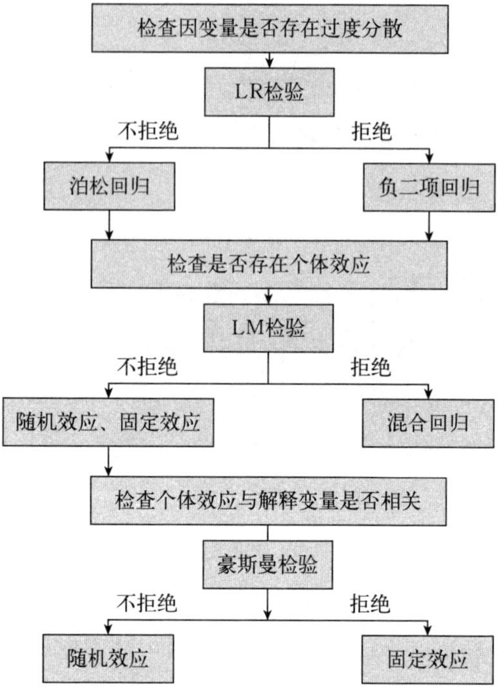

图6-1　基准模型选择过程示意

数量和灾害总数，模型（4）的解释变量包括人口增殖率和灾害总数①，结果如表6-3所示。

由表6-3可以发现，作为王朝周期的代理变量，王朝存在时间至少在10%的水平上显著，但时正时负，说明王朝周期并不是呈线性的规律变化，而有可能是呈抛物线状的规律变化。作为气候冲击代理变量，无论是自然灾害总数还是分种类的大多数

① 在基准模型中也尝试使用了“严重饥荒”这一变量进行回归，但结果并不显著，故表6-3没有报告其结果。

表 6-3 基准模型回归结果（被解释变量：uprising）

变量名称	模型（1）	模型（2）	模型（3）	模型（4）
王朝存在时间/dage	−0.019 0*	0.008 74*	−0.020 1**	0.008 18*
	(0.010 4)	(0.004 88)	(0.009 32)	(0.004 25)
气温均值偏离/temp	−0.466	−0.047 0	−0.603	−0.140
	(0.538)	(0.513)	(0.484)	(0.465)
人口数量/population	0.214***		0.224***	
	(0.068 4)		(0.062 9)	
人口增殖率/populationpor		−0.019 6**		−0.016 0**
		(0.008 72)		(0.007 91)
米价指数/riceprice	−0.004 33	−0.002 08	−0.005 11	−0.002 97
	(0.003 52)	(0.003 47)	(0.003 30)	(0.003 72)
自然灾害总数/disaster			0.012 1	0.000 887
			(0.025 5)	(0.025 4)
灾害赈灾比例/disrelievepor	−2.236**	−2.046*	−2.330**	−2.017*
	(1.072)	(1.106)	(1.034)	(1.045)
水灾/flood	−0.021 8	0.003 94		
	(0.040 6)	(0.040 7)		
旱灾/drought	−0.034 4	−0.045 6		
	(0.066 5)	(0.074 0)		
风灾/wind	0.126	0.141		
	(0.092 0)	(0.091 6)		
雹灾/hail	0.134	0.052 7		
	(0.091 8)	(0.084 6)		
雪灾/snow	−0.337	−0.653**		
	(0.295)	(0.310)		
霜灾/frost	−0.028 9	−0.001 97		

（续）

变量名称	模型（1）	模型（2）	模型（3）	模型（4）
	(0.141)	(0.154)		
低温类灾害/cold	0.393	0.423		
	(0.292)	(0.301)		
蝗灾/locust	0.020 9	−0.021 4		
	(0.096 4)	(0.111)		
虫灾/worm	−0.592*	−0.553		
	(0.351)	(0.380)		
鼠兽鸟害/plague	0.160	0.143		
	(0.309)	(0.349)		
畜疫/aniepi	−12.52	−12.80		
	(1 896)	(1 795)		
沙尘暴/sandstorm	−0.025 4	−0.034 4		
	(0.135)	(0.139)		
水土流失/soilerosion	0.049 2	0.217		
	(0.325)	(0.324)		
饥荒/famine	0.108*	0.083 6	0.124*	0.095 4
	(0.063 4)	(0.064 8)	(0.064 0)	(0.066 3)
饥荒赈灾比例/famrelievepor	0.261	0.191	0.013 7	0.061 6
	(0.364)	(0.401)	(0.342)	(0.406)
常数项/constant	−2.273*	−0.537	−2.635**	−0.715
	(1.203)	(1.193)	(1.140)	(1.116)
个体固定效应	包括	包括	包括	包括
样本容量	265	265	265	265
Wald Test χ^2	36.74**	30.52*	23.52***	15.99**

注：括号内的数值为标准误；***、**、*分别表示在1%、5%、10%的水平上显著。

灾害，以及气温均值偏离的系数都不显著，说明气候冲击对农民战争的直接影响不大，一般都是通过其他途径导致农民战争的发生。据现有的研究，气候冲击一般通过影响米价（梁若冰，2014）或者造成饥荒（陈强，2015）来作用于冲突与战争，但表6－3的结果显示，米价指数的系数并不显著，初步符合前文的假设，可能玉米和甘薯的产量才是影响农民战争的因素。饥荒的系数值得注意，其显著性与代理人口压力的变量有关。代理人口压力的变量分别是人口数量和人口增殖率，如果选取人口数量作回归，系数在1%的水平上显著为正，如果选取人口增殖率作回归，系数在5%的水平上显著为负，这说明只有在人口数量超过环境容量时，才会导致生态灾难和社会灾难，人口增殖率高在一定程度上说明经济上的繁荣。于是饥荒的系数只有在控制人口数量时才在10%的水平上显著为正，如果控制人口增殖率则不显著。作为国家能力的代理变量——赈灾，灾害赈灾比例的系数至少在10%的水平上显著为负，说明灾害赈灾起到抑制农民战争的作用，这也是自然灾害不能直接导致农民战争的原因；饥荒赈灾比例的系数则不显著，结合饥荒的系数在控制人口数量时显著为正，说明对饥荒的赈灾并不能完全遏制农民战争的发生。

通过分析基准模型的结果，发现还存在以下需要进一步解决的问题。首先，在验证王朝周期说时，发现并不是越到王朝后期，农民战争就越多，王朝的国家能力也应该是先上升后下降，在清前期和后期的农民战争应该比较多，中间的盛世期间战争应该比较少，于是需要引入王朝存在时间的平方项进行考察。然后，在验证人口压力说时，不仅是人口的绝对数量对农民战争有影响，人口的民族构成、宗教信仰也可能影响农民战争，于是需要细化人口信息来考察其作用。接着，在验证气候冲击说时，需要进一步确定饥荒对农民战争影响的稳健性，因为饥荒是传导路径中到达农民战争前的最后一环。最后，在考察国家能力时，要处理赈灾的内生性问题，即赈灾有可能减少农民战争的发生次数，但农民战争的爆发可能会削弱国家的赈灾能力，因而本书选取赈灾次数的一阶滞后项作为工具变量以解决赈灾的内生性问题。

6.3 王朝周期说及国家能力假说的验证

与陈强（2015）的研究结论[①]不同，如果研究时段仅限定为清代，王朝存在时间与农民战争并不是简单的线性关系，有可能是在前期和后期的农民战争比较多，中间时期的农民战争比较少，在数理上应该是开口向上的二次函数关系。本节首先验证王朝存在时间与农民战争的关系，然后处理国家赈灾能力的内生性问题。

6.3.1 王朝周期说的计量分析

将王朝存在时间的二次方项引入基准模型，并将不显著的灾害变量删除，重新分析王朝存在时间与农民战争之间的关系。回

① 陈强通过研究 25—1911 年所包含的朝代中“王朝年龄”（对应本书的王朝存在时间）与农民起义的关系，认为“王朝年龄”对农民起义有显著的正向关系，即每推后一年，发生农民起义的概率都在上升。

归结果如表 6－4 所示，模型（1）至模型（6）分别是固定效应的负二项回归、随机效应的负二项回归、负二项混合回归、泊松混合回归、零膨胀泊松回归、零膨胀负二项回归。由于清代有 195 年里没发生农民战争，本书选取零膨胀泊松回归和零膨胀负二项回归作稳健性检验。

表 6－4 王朝存在时间与农民战争（被解释变量：uprising）

变量名称	模型（1） FE－NB	模型（2） RE－NB	模型（3） NB	模型（4） Poisson	模型（5） ZIP	模型（6） ZINB
dage2	3.00e－05*	3.53e－05***	4.21e－05***	5.29e－05***	4.32e－05***	4.21e－05***
	(1.63e－05)	(1.30e－05)	(8.99e－06)	(6.25e－06)	(7.03e－06)	(8.99e－06)
控制变量	有	有	有	有	有	有
个体效应	有	有	无	无	无	无
样本容量	265	268	268	268	268	268
伪 R^2			0.176 0	0.373 0		
Wald Test χ^2	15.12*	25.10***				
LR Test χ^2			98.41***	308.44***	137.38***	98.41***

注：括号内的数值为标准误；***、**、*分别表示在 1%、5%、10%的水平上显著；控制变量包括气温均值偏离、人口增殖率、米价指数、饥荒、水灾、灾害赈灾、饥荒赈灾。

由表 6－4 可看出，除了固定效应的负二项回归模型王朝存在时间的二次方项系数在 10%的水平上显著为正，其余的模型该项系数都在 1%的水平上显著为正，说明王朝存在时间和农民战争是开口向上的二次函数关系，而且这个结论是稳健的，即在清前期农民战争比较多，随着王朝的发展壮大，到了中期农民战争比较少，但随着时间推移，清后期的战争又比较多。六个模型回归出来的结果相差不大，相比而言，控制了个体固定效应的面板模型中王朝存在时间的系数要小一些，这个结果符合常理，说明皇帝个体在一定程度上也可以影响农民战争的爆发。至此，王朝周期理论推导的假说二得到较充分的计量验证，而且结果稳健。

6.3.2 玉米、甘薯与赈灾

根据基准模型的结果，发现米价指数的系数并不显著，也就是说米价并不能直接影响农民战争。农民战争是农民中的流民对极端生存环境的最终响应，即使在丰收年，他们也未必能每顿都吃上大米，甚至玉米才是他们的主食（郑维宽，2009；罗树杰，2014；李昕升、王思明，2016），因此在饥荒年份，玉米和甘薯的产量对农民（尤其是流民）而言就尤为重要。

根据基准模型的结果，还发现饥荒赈灾的系数不显著，这不符合常理，可能是存在遗漏变量和内生性所致。饥荒赈灾的内生性，是由农民战争与饥荒赈灾的逆向因果所致[①]，为解决该问题，本书选取饥荒赈灾次数的一阶滞后项作为工具变量。这个变量满足工具变量的相关性和外生性两个要求：一方面，饥荒赈灾次数显然与其滞后项相关，也就是说前一年的赈灾情况会影响当前的赈灾；另一方面，饥荒赈灾次数的滞后项不会受到当期的农民战争的影响，例如 1800 年的农民战争不会影响和改变 1799 年饥荒赈灾的情况，因此荒赈灾次数的滞后项具有外生性。

① 基准模型是使用饥荒赈灾比例进行回归，如果换成饥荒赈灾次数，其系数依然不显著。为了能与基准模型作对比，在解决内生性问题时，使用饥荒赈灾次数。

表 6－5 是加入了工具变量的回归结果。模型（1）至模型（3）分别是固定效应的负二项回归、固定效应的泊松回归、随机效应的泊松回归的结果。不难发现，加入了饥荒赈灾次数的一阶滞后项，基准模型的饥荒赈灾次数的系数在 10％水平上显著为负，这个结果较为合理。饥荒赈灾次数的一阶滞后项系数在 1％水平上显著为负，而且系数的绝对值要比饥荒赈灾次数系数的绝对值大，这说明当期的饥荒赈灾对当期的农民战争的作用没有前一期饥荒赈灾的大，效果也没有前一期饥荒赈灾显著。这个结论说明农民战争并不是突发性的，从饥荒到农民战争需要一定的时间，如果王朝统治者能在饥荒出现之后采取积极措施，农民战争可能会得到遏制。

表 6－5 饥荒赈灾与农民战争（被解释变量：uprising）

变量名称	模型（1） FE－NB	模型（2） FE－Poisson	模型（3） RE－Poisson
famrelieve	－0.116*	－0.104*	－0.103 *
	(0.067 5)	(0.057 1)	(0.056 1)
L. famrelieve	－0.155**	－0.169***	－0.182***
	(0.065 1)	(0.053 2)	(0.052 3)
控制变量	包括	包括	包括
个体固定效应	包括	包括	包括
样本容量	264	264	267
Wald Test χ^2	20.77**	34.32***	33.04***

注：括号内的数值为标准误；*** 、**、*分别表示在 1％、5％、10％的水平上显著；控制变量包括王朝存在时间、气温均值偏离、人口增殖率、米价指数、饥荒、自然灾害总数、灾害赈灾次数。

至此，通过引入工具变量解决了逆向因果导致的内生性问题，但可能还存在遗漏变量导致的内生性问题。清代官方赈灾救荒的主要形式包括救灾、蠲免（恩蠲、灾蠲）、缓征、赈饥、借贷、平粜、通商、兴土工、返流亡、劝输等项。玉米和甘薯在救灾的方面的作用不能忽视，赵冈等（1995）的研究发现乾隆朝的粮食产量比明代大幅提高，玉米和甘薯作出了一半的贡献。

本小节使用玉米和皇帝、玉米和王朝存在时间、甘薯和皇帝、甘薯和王朝存在时间的交互项考察玉米和甘薯对农民战争的作用。使用最小二乘估计（OLS）进行回归分析，所使用的模型结构为

$$\text{lnuprising}_t = \beta_0 + \beta_1 x_t + \beta_2 \text{emperorid}_i \times \text{maize} + \varepsilon_t \quad (6-2)$$

$$\text{lnuprising}_t = \beta_0 + \beta_1 x_t + \beta_2 \text{emperorid}_\text{i} \times \text{sweetpotato} + \varepsilon_t \quad (6-3)$$

$$\text{lnuprising}_{it} = \beta_0 + \beta_1 x_{it} + \beta_2 \text{emperorid}_i \times \text{maize} + \beta_3 \text{dage}_t \times \text{sweetpotato} + u_i + \varepsilon_{it} \quad (6-4)$$

$$\text{lnuprising}_{it} = \beta_0 + \beta_1 x_{it} + \beta_2 \text{emperorid}_i \times \text{sweetpotato} + \beta_3 \text{dage}_t \times \text{maize} + u_i + \varepsilon_{it} \quad (6-5)$$

式 6-2 和式 6-3 是非面板模型，分别考察玉米和甘薯的单独作用，式 6-4 和式 6-5 是面板模型，同时考察玉米和甘薯的作用。其中 $\text{emperorid}_i \times \text{maize}$ 是玉米和皇帝的交互项，$\text{emperorid}_i \times \text{sweetpotato}$ 是甘薯和皇帝的交互项，$\text{dage}_t \times \text{maize}$ 是玉米和王朝存在时间的交互项，$\text{dage}_t \times \text{sweetpotato}$ 是甘薯和王朝存在时间的交互项。x_t 或 x_{it} 是其余的变量，包括王朝存在时间、气温均值偏离、人口数量、米价指数、13 种自然灾害、

饥荒、灾害赈灾比例、饥荒赈灾比例。使用 OLS 回归要求变量满足正态性，于是将计数变量取对数处理，回归结果如表 6-6 所示。

由表 6-6 可知，无论加入何种交互项，米价指数的系数都不显著，再次确认米价并非影响农民战争的关键因素；饥荒对数的系数在加入交互项之后变得稳健，至少在 10%水平上显著为正，于是可以确认饥荒是直接影响农民战争的关键因素，气候冲击说导出的假说一也得到较好的验证；本书最关注的玉米的交互项和甘薯的交互项系数，在某些皇帝或者某些年份是显著的。

表 6-6 玉米与甘薯对清代农民战争的影响（被解释变量：lnuprising）

项目	模型（1） OLS	模型（2） OLS	模型（3） OLS-RE	模型（4） OLS-RE
米价/riceprice	1.45e-05	1.45e-05	−0.004 86	−0.004 86
	(0.000 954)	(0.000 954)	(0.005 60)	(0.005 60)
lnfamine	0.127*	0.127*	0.816***	0.816***
	(0.069 7)	(0.069 7)	(0.274)	(0.274)
emperorid # c. maize				
1	−0.002 10			−10.72*
	(0.333)			(6.246)
2	−0.234			−8.280
	(0.299)			(5.440)
3	−0.220			−8.182
	(0.270)			(5.220)
4	−0.140			1.760
	(0.226)			(3.003)
5	−0.116			6.988***

（续）

项目	模型（1） OLS	模型（2） OLS	模型（3） OLS-RE	模型（4） OLS-RE
	(0.216)			(2.569)
6	−0.054 4			8.106***
	(0.197)			(1.807)
7	0.698***			6.759***
	(0.205)			(1.382)
8	0.380**			−0.176
	(0.172)			(0.755)
9	−0.030 8			0.176
	(0.138)			(0.285)
emperorid # c. sweetpotato				
1		−0.004 06	−20.68*	
		(0.643)	(12.05)	
2		−0.452	−15.98	
		(0.576)	(10.50)	
3		−0.425	−15.79	
		(0.521)	(10.07)	
4		−0.271	3.397	
		(0.437)	(5.795)	
5		−0.223	13.48***	
		(0.417)	(4.956)	
6		−0.105	15.64***	
		(0.379)	(3.486)	
7		1.347***	13.04***	
		(0.396)	(2.666)	
8		0.734**	−0.339	

（续）

项目	模型（1） OLS	模型（2） OLS	模型（3） OLS-RE	模型（4） OLS-RE
		(0.333)	(1.457)	
9		−0.059 5	0.341	
		−0.004 06	(0.550)	
个体固定效应	不包括	不包括	包括	包括
控制变量	包括	包括	包括	包括
dage # c. maize	不包括	不包括	包括	不包括
dage # c. sweetpotato	不包括	不包括	不包括	包括
样本容量	268	268	265	265
Adj R^2	0.532 9	0.532 9		
Wald Test χ^2			15 180.51***	15 180.51***

注：括号内的数值为标准误；***、**、*分别表示在1%、5%、10%的水平上显著。控制变量包括王朝存在时间、气温均值偏离、人口数量、米价指数、饥荒对数、13种自然灾害的对数、灾害赈灾比例。

直观上看，米价指数和农民起义可能互为因果关系，即米价指数可能存在内生性问题。但是，这个内生性问题不严重，因为农民起义对米价指数的影响，远远不如政权对抗以及列强侵略，根据图4-28，即使在白莲教起义的高潮时期（1796—1800年），米价指数在60～70这个幅度，而太平天国运动扩张阶段的五年（1852—1856年），米价指数仅在70～80这个幅度，1857年之后的米价指数比较高，甚至在200以上，很可能是由第二次鸦片战争所致。

在表6-6中，模型（1）和模型（2）的回归结果分别是只考虑玉米和皇帝的交互项或者甘薯和皇帝的交互项，模型（3）和模型（4）的回归结果是同时考虑玉米、甘薯的交互项，由于共线性，宣统（1909—1911年）的数据被删掉。结果表明，如果只考虑玉米和皇帝的交互项或者甘薯和皇帝的交互项，都是在清代第七和第八位皇帝在位期间显著为正，其他皇帝系数为负且不显著，即咸丰帝和同治帝在位期间玉米和甘薯都起着促进农民战争的作用，正是在咸同时期经历了太平天国运动和之后的捻军起义。此外，甘薯和皇帝交互项的系数要比玉米和皇帝交互项的系数大，说明甘薯对农民战争的影响更大些。

如果仅考虑玉米或甘薯和皇帝的交互项，既漏掉了另一种作物的影响，也没能捕捉到年度效应，为解决这一问题，表 6 - 6 的模型（3）和模型（4）同时考虑了玉米和甘薯两种作物，而且是和王朝存在时间的交互项①，但限于数据量，每次只能考察一种作物与和王朝存在时间的交互项、另一种作物和皇帝的交互项。首先，玉米和王朝存在时间的交互项系数在 1647—1648 年、1650 年、1658 年、1660 年、1662—1680 年、1682 年、1684—1689 年、1691—1696 年、1698—1704 年、1706—1715 年、1719—1720 年、1725—1726 年、1728—1730 年、1732—1734 年、1736—1780 年、1796—1819 年、1821—1830 年、1833 年、1835—1839 年、1841—1849 年、1860 年、1882—1883 年、1888 年至少在 10%水平上显著为负，在 1644—1646 年、1649 年、1659 年、1793—1794 年、1851—1854 年、1862—1866 年、1868 年、1873 年至少在 10%水平上显著为正，其余年份不显著或者因共线性没能被估计出来。这个结果与玉米和皇帝的交互项系数吻合，玉米和王朝存在时间的交互项系数显著为正的年份集中在

---

① 因涉及年份较多，表 6 - 6 不将每一年的结果列出，此处仅报告结果。

咸同年间，而之前大部分时间玉米和王朝存在时间的交互项系数显著为负。然后，甘薯和王朝存在时间的交互项系数在1647年、1650年、1658年、1660年、1662—1680年、1682年、1684—1689年、1691—1696年、1698—1704年、1706—1715年、1719—1720年、1725—1726年、1728—1730年、1732—1734年、1736—1780年、1796—1819年、1821—1830年、1833年、1835—1839年、1841—1849年、1860年、1882—1883年、1888年至少在10%水平上显著为负，在1644—1646年、1649年、1657年、1659年、1793—1794年、1851—1854年、1862—1866年、1868年、1873年至少在10%水平上显著为正，其余年份不显著或者因共线性没能被估计出来。甘薯与玉米的情况大同小异，甘薯和王朝存在时间的交互项系数显著为正的年份也是集中在咸同年间，而之前大部分时间甘薯和王朝存在时间的交互项系数显著为负。由以上的回归结果，很大程度上可以认为，稻米并不是影响农民起义的关键作物，玉米和甘薯才是，假说一得到较好的验证。

玉米的结论和陈永伟等（2014）的相似，都是玉米在清前期能减少农民战争的发生，在清后期甚至加剧农民战争的发生；这个结论同时得到理论上的支持（陈永伟等，2014；刘峰、王庆峰，2006），玉米的种植改变了自然生态环境，在清后期导致水土流失的发生，从而加剧了农民战争（陈永伟等，2014）。玉米在清中后期的过度种植导致水旱灾害的大致机理是：玉米种植的代价是开垦山林，山地上的森林被大片破坏，而对水土的保持能力是树木＞草皮＞农作物，因此玉米的过度种植使得水土保持能力大为下降，尤其在玉米收获之后的土地裸露时期，从而容易导致了水土流失[①]。

甘薯的情况和玉米相似，也是在清前期能抑制农民战争的发生，在清后期加剧农民战争的发生，这个结论和 Jia（2014）的不同[②]，甘薯不能一直抑制农民战争发生的原因可能有二：一方面，甘薯的品质不如玉米，更不用说稻麦，而且吃起来有胃灼热感，不宜长期食用（罗树杰，2014）；另一方面，甘薯的年产量仅为玉米的一半左右，没有被广泛、大量种植，也是甘薯在咸同年间不能减少农民战争的原因。

6.4 气候冲击说及人口压力说的验证

气候冲击对农民战争影响的研究已较为完善，众多研究表明，自然灾害造成的饥荒是导致农民战争的主要原因之一，只要能验证饥荒这一变量的系数是稳健的，就能再次检验气候冲击理论。本书还遗留的一个问题是民族、宗教的遗漏变量问题，本节的另一个任务就是使用包含民族、宗教信息的人口数据，初步探究少数民族参与与农民战争的关系，并粗略分析宗教会党参与对农民战争的作用。

---

① 严格来说，这是一个生态学的问题。种植玉米导致水土流失的具体过程可参考张祥稳、惠富平《清代中晚期山地种植玉米引发的水土流失及其遏止措施》（《中国农史》2006年25卷3期）一文，以及叶青超所著《黄河流域环境演变与水沙运行规律研究》（山东科学技术出版社，1994年版）的第五章。

② Jia 研究近五百年中国的农民起义，发现甘薯能抑制农民起义的发生。

6.4.1 半殖民地时期的饥荒与农民战争

为了进一步验证饥荒作用的稳健性，需要考虑半殖民地社会的晚清时期。1840 年的鸦片战争使得中国沦为半殖民地社会，社会形态发生了较大的变化，只有在晚清时期饥荒的作用与在整个清代的作用相似，才能认为饥荒是影响农民战争的重要因素，否则可以认为是社会形态的改变导致农民战争的发生。回归模型选取式 6-1 和式 6-2，由于玉米交互项系数和甘薯交互项系数的结果相近，此处仅选取玉米的交互项进行回归分析。回归结果如表 6-7 所示，其中模型（1）和模型（2）是全样本，分别使用固定效应的负二项回归面板模型和最小二乘估计模型进行回归，模型（3）和模型（4）是 1840 年以后的晚清样本，使用方法与全样本相同。

表 6-7 饥荒对清代农民战争作用的稳健性检验

项目	模型（1）NB-FE uprising	模型（2）OLS lnuprising	模型（3）NB-FE uprising	模型（4）OLS lnuprising
米价/riceprice	−0.005 11	1.45e-05	−0.002 07	0.000 341
	(0.003 30)	(0.000 954)	(0.003 44)	(0.001 83)
lnfamine		0.127*		0.269**
		(0.069 7)		(0.121)
饥荒/famine	0.124*		0.374***	
	(0.064 0)		(0.099 7)	
控制变量	包括	包括	包括	包括
个体固定效应	包括	不包括	包括	不包括
N	265	268	69	72
Adj R^2		0.53		0.82
Wald Test χ^2	23.52***		37.89***	

注：括号内的数值为标准误；***、**、*分别表示在 1%、5%、10%的水平上显著；控制变量包括王朝存在时间、气温均值偏离、人口数量、米价指数、13 种自然灾害（对数）、灾害赈灾比例（灾害赈灾次数的对数）、饥荒赈灾比例（饥荒赈灾次数的对数）。

首先比较表6-7的模型（1）和模型（3）两列，这两列是固定效应的负二项回归面板模型的回归结果，宣统帝在位的三年由于没有发生农民战争，系统将这三年数据忽略。结果发现，饥荒的系数都至少在10%的水平上显著为正，而且在晚清样本中，系数不仅增大，而且显著性增强，这说明在晚清时期饥荒更容易导致农民战争。然后比较模型（2）和模型（4）两列，这两列是最小二乘估计模型的回归结果。和固定效应的负二项回归面板模型的结果类似，饥荒对数的系数都至少在10%的水平上显著为正，而且在晚清样本中，系数不仅增大，而且显著性增强，再次证明在晚清时期饥荒更容易导致农民战争。此外，在每一模型的回归结果中，米价指数的系数都不显著，再次证明米价并不能直接导致农民战争。气候冲击说导出的假说一至此得到较为充分的验证。

6.4.2 人口、民族与战争

由之前的回归结果发现，无论是人口数量还是人口增殖率，其系数都不稳健，其重要原因在于人口还带有性别、年龄结构、民族、宗教等信息，如果忽略这些信息则会导致回归结果出现偏差。由于清代的民族、宗教数据相对稀缺，极少有涵盖主要制度化宗教的信教人口数据和各省的民族比例数据，所以只能使用当代的数据来分析民族与宗教对农民战争的影响。这样处理有一定的合理性，一方面，当代的省级行政区域划分和清代相近；另一方面，少数民族和宗教人口比例有相当的稳定性，并不会随着时间推移而发生巨大变化。

由表6-8民族分布与农民战争的统计情况不难发现，影响农民战争次数的关键因素并不是人口数量，而有可能是民族分布。

表 6-8 民族分布与清代农民战争

省份	少数民族分布数量															1982 年人口数量	战争次数（次）
	壮	满	回	苗	彝	土家	蒙古	藏	布依	侗	瑶	朝鲜	白	哈尼/傣	黎		
江苏																72 380 862	20
四川				531 621	1 782 780	1 082 035		1 088 559								99 713 310	12
河北		1 733 033														70 000 703	6
安徽																49 665 724	11
山东																74 419 054	14
河南			869 813													74 442 739	4
湖北						1 774 766										47 804 150	20
江西																33 184 827	8
广东											134 634					59 299 220	4
湖南				1 550 561		1 803 391				752 588	459 463		115 060			54 008 851	13
福建																25 931 106	12

（续）

省份	少数民族分布数量															1982年人口数量	战争次数（次）
	壮	满	回	苗	彝	土家	蒙古	藏	布依	侗	瑶	朝鲜	白	哈尼/傣	黎		
甘肃			1 093 725					367 446								19 569 261	5
山西																25 291 389	6
浙江																38 884 603	7
陕西																28 904 423	10
广西	14 218 020			420 867						285 984	1 327 098					36 420 960	17
云南	1 011 129			893 419	4 058 950			110 234	33 128		173 100		1 342 364	1 248 526/1 015 148		32 553 817	8
贵州				3 691 811	710 481	1 030 509			2 405 590	1 404 830			121 452		80 100	28 552 997	17
辽宁		4 962 776					585 893					230 804				35 721 693	2

注：1982年的人口数量，河北人口数包括了北京和天津，江苏人口数包括了上海。

数据来源：李志华主编《中国民族地理》（上海教育出版社，1997年版）；赵文林、谢淑君《中国人口史》（人民出版社，1988年版）；中国军事史编写组《中国历代战争年表（下）》（解放军出版社，2006年版）；https://data.stats.gov.cn/easyquery.htm?cn=C01&zb=A010502&sj=2021。

人口数量排第四位的江苏省，清代发生了20次农民战争，战争次数为全国最多，但人口倒第四位的贵州省，也发生了17次农民战争，排在第三。人口数量排在前9的省份共发生了104次农民战争，人口数量排在后10的省份共发生了92次农民战争，并没有相差太多。使用独立样本T检验也发现，人口数量排在前9的省份发生农民战争次数的平均值和人口数量排在后10的省份发生农民战争次数的平均值没有显著差异。

发生过农民战争的19个省级行政区可以分为四类：第一类分布有4个及以上少数民族的省份，包括四川、湖南、广西、云南、贵州；第二类是仅有汉族聚居的省份，包括江苏、安徽、山东、江西、福建、山西、浙江、陕西；第三类是分布有满族的省份，包括河北、辽宁；第四类是分布有1～3个少数民族的省份，包括河南、湖北、广东、甘肃。

第三类省份——河北和辽宁属于满族聚居地区，仅分别发生了6次和2次农民战争，在表6-8之外，吉林和黑龙江也是满族的聚居区，更是没有发生起义。清代是满族统治的朝代，满族聚居地区不容易发生起义。第一类的五个省份，除了云南发生了8次农民战争，其余四个省份（四川、湖南、广西、贵州）农民战争次数都大于10次，说明民族构成复杂的地区，更容易发生起义。第二类的八个省份，除了江西、山西、浙江发生的农民战争次数分别为8次、6次、7次，其余省份农民战争次数都大于10次，说明仅有汉族聚居的地区，满汉矛盾也较为尖锐。此外，第四类的省份发生农民战争的次数没有明显的规律。

由此可见，在满族聚居的省份，农民战争次数比较少，而在少数民族构成复杂、满汉矛盾尖锐的省份，农民战争次数比较多。因此，清代各省的民族分布会影响农民战争的次数，假说三的结论得到一定程度的验证。民族分布作为影响农民战争的因素，其深层次的原因是文化冲突、民族政策和官僚任用政策。不过这些方面超过了本书的研究范畴，在此不展开详述。

6.4.3 宗教与战争

上一小节探讨了人口中的民族情况对农民战争的影响，初步了解到文化冲突也可能是导致农民战争的因素。宗教作为文化的一个方面，可能也会对农民战争造成影响。且根据第四章的研究结论，宗教能影响农民战争的结果，因此，有必要进一步探讨宗教是否能促进农民战争的爆发。

与清代的民族数据一样，清代的宗教数据也较为稀缺。所幸的是，和民族比例一样，宗教人口比例也是较为稳定的数据，本书采用当代的宗教院校数量作为相应省份的宗教传播强度，一般来说，宗教传播强度大的省份，宗教人口比例也会比较高。

表 6－9 是宗教院校与农民战争的统计情况，这里涵盖了佛教、道教、伊斯兰教、天主教、基督教五个制度性宗教，除了广西，其余各省都设立有宗教院校。江苏、河北、四川的宗教院校数量较多，江苏、四川的农民战争次数较多，但河北的农民战争次数较少；安徽、山东、甘肃、山西、广西、贵州的宗教院校数量较少，安徽、山东、广西、贵州的农民战争次数较多，但甘

肃、山西的农民战争次数较少。由此可见，制度性宗教与农民战争并没有直接的关系，这从侧面印证了制度性宗教不是导致农民战争的根源，很可能只是一种工具。

表 6-9 宗教院校与清代农民战争

省份	佛教	道教	伊斯兰教	天主教	基督教	合计	战争次数
江苏	6	1		1	3	11	20
四川	6	1		1	1	9	12
河北	3	2	3	3	2	13	6
安徽	1				1	2	11
山东	1				1	2	14
河南	1		1		1	3	4
湖北	1	1		1	1	4	20
江西	2	1			1	4	8
广东	2	1			1	4	4
湖南	1	1			1	3	13
福建	2	1			1	4	12
甘肃	1		1			2	5
山西	1			1		2	6
浙江	4	1			1	6	7
陕西	1	1		1	1	4	10
广西						0	17
云南	4		1		1	6	8
贵州					1	1	17
辽宁			1	1	1	3	2

注：河北包括了北京和天津，江苏包括了上海。

数据来源：中国军事史编写组《中国历代战争年表（下）》（解放军出版社，2006年版）；https://www.sara.gov.cn/zjyxjbxx/index.jhtml。

但是历史上不少起义都带有宗教的影子，可以推断，除了制度性宗教之外，还有另一种宗教能促进农民战争的发生，不妨把这种宗教称作普化宗教。例如，陈胜吴广起义，借助普化宗教，让兵卒认为“陈胜王”是天意。又如，太平天国领导人借助“天父天兄下凡”，让普通士兵产生敬畏心理，从而为太平天国效命。再如，义和团运动也是利用“神灵附体”“刀枪不入”的信条，让义和团民众奋勇杀敌。普化宗教没有制度性宗教那些晦涩难懂的教义，而且更加贴近中国民间习俗，因此有很广泛的受众，并且有强大的号召力，是能促进农民战争的因素。

6.5 累积效应与滞后效应

农民起义存在累积效应，如果某一年农民战争进入高潮，那么下一年可能也会出现较多的农民战争，即下一年的农民战争会受到当年的影响，因此有必要将被解释变量农民战争的滞后项列入回归模型中作为解释变量。此外，由第四章的分析发现，自然灾害的波峰期与农民战争的波峰期均不重合，但自然灾害传递到农民起义需要一定的时间，即自然灾害可能存在滞后效应，因此需要将自然灾害的滞后项列入回归模型中作为解释变量。

为检验农民战争的累积效应和自然灾害的滞后效应，本节在基准模型的基础上，增加相应变量的滞后项。作为对比，也使用广义矩估计（GMM），包括差分 GMM 和系统 GMM 两种方法。但是，这两种方法不适用于本书的长面板数据，因为这可能导致较严重的偏差（陈强，2014）。检验模型的结构如下：

$$\begin{aligned}\text{uprising}_{it} = & \beta_1 \text{uprising}_{i,t-1} + \beta_2 \text{uprising}_{i,t-2} + \beta_3 diasaster_{it} \\ & + \beta_4 diasaster_{i,t-1} + \beta_5 diasaster_{i,t-2} + \beta_6 diasaster_{i,t-3} \\ & + \beta_7 diasaster_{i,t-4} + \beta_8 x_{it} + u_i + \varepsilon_{it}\end{aligned} \quad (6-6)$$

式中，$\text{uprising}_{i,t-1}$和$\text{uprising}_{i,t-2}$是农民战争的一阶和二阶滞后项，$diasaster_{it}$指自然灾害，$diasaster_{i,t-k}$（$k=1$，2，3，4）是自然灾害的各阶滞后项，x_{it}是其他变量，包括王朝存在时间的平方项、气温均值偏离、人口数量、米价指数、饥荒、灾害赈灾次数、饥荒赈灾次数。

表 6-10 累积效应与滞后效应（被解释变量：uprising）

项目	模型（1） NB-RE	模型（2） 差分 GMM	模型（3） 系统 GMM
L. uprising	0.119	−0.188	0.107
	(0.080 2)	(0.116)	(0.151)
L2. uprising	0.314***	0.086 9	0.270***
	(0.067 7)	(0.055 6)	(0.070 6)
disaster	0.066 9	0.010 9*	0.012 3
	(0.041 6)	(0.006 48)	(0.008 65)
L. disaster	0.043 9	0.014 7*	0.009 15
	(0.028 3)	(0.008 66)	(0.005 94)
L2. disaster	−0.038 5	−0.011 0	−0.013 9
	(0.030 3)	(0.008 96)	(0.011 2)
L3. disaster	0.006 81	0.003 61	0.010 6**
	(0.029 4)	(0.002 50)	(0.005 05)
L4. disaster	−0.050 3*	−0.008 19*	−0.004 54
	(0.029 2)	(0.004 80)	(0.004 51)

（续）

项目	模型（1） NB-RE	模型（2） 差分 GMM	模型（3） 系统 GMM
控制变量	包括	包括	包括
个体固定效应	包括	包括	包括
样本容量	211	166	175
Wald Test χ^2	107.32***	11 815.46***	297.81***

注：括号内的数值为标准误；***、**、*分别表示在 1%、5%、10%的水平上显著；控制变量包括王朝存在时间的平方项、气温均值偏离、人口数量、米价指数、饥荒、灾害赈灾次数、饥荒赈灾次数；模型（1）最初选用固定效应的负二项回归模型，但不通过模型有效性检验，于是使用随机效应的负二项回归模型替代。

表 6-10 是面板数据的负二项回归、差分 GMM 和系统 GMM 的回归结果，相比而言，差分 GMM 和系统 GMM 的结果较为相近，但与负二项回归的结果差别较大。在自相关性检验上，差分 GMM 模型和系统 GMM 模型都是存在一阶自相关，但不存在二阶自相关，说明扰动项无自相关，符合模型的使用条件。在进行过度识别的检验中，差分 GMM 模型和系统 GMM 模型在 5%的水平上显著，可认为所用的工具变量都有效。根据负二项回归的结果，农民战争二阶滞后项系数在 1%水平上显著为正，说明农民战争确实存在一定的累积效应；自然灾害虽然存在一定的滞后效应，但结果并不稳健，说明自然灾害导致农民战争具有一定的偶然性。

6.6 本章小结

首先分析清前、后期以及每位皇帝在位期间国家能力的差异，结果表明，作为国家能力的代理变量，无论是自然灾害赈灾还是饥荒赈灾，方差分析中差异都在1%的水平上显著，说明清前期与清后期的赈灾确实显著不同，可初步判断清前期与清后期国家能力有所不同。如果以每一位皇帝在位期间作为划分，无论从总数来看，还是从年均数据来看，乾隆朝和道光朝的灾害赈灾和饥荒赈灾都是比较多的，说明清中期是国家能力最强的阶段。

然后，选择和使用基准模型对气候冲击说、人口压力说、王朝周期说及国家能力假说进行定量检验。通过检验，最终确定的基准模型是固定效应负二项回归面板模型，得到的结论包括：作为王朝周期的代理变量王朝存在时间至少在10%的水平上显著，但时正时负，说明王朝存在时间与农民战争并不是呈线性的关系，而有可能是呈抛物线状的关系；作为气候冲击代理变量，无论是自然灾害总数还是分种类的大多数灾害，以及气温均值偏离的系数都不显著；代理人口压力的变量分别是人口数量和人口增殖率，如果选取人口数量做回归，系数在1%的水平上显著为正，如果选取人口增殖率做回归，系数在5%的水平上显著为负；米价指数的系数并不显著，可能玉米和甘薯的产量才是影响农民战争的因素；其他变量需要进一步考察以保证稳健性。

接着，在引入王朝存在时间的二次方项之后，其系数至少在10%的水平上显著为正，说明在清前期农民战争比较多，随着王朝的发展壮大，到了中期农民战争比较少，但随着时间推移，清后期的战争又比较多。选取饥荒赈灾次数的一阶滞后项作为工具变量之后，饥荒赈灾次数的系数在10%的水平上显著为负，饥荒赈灾次数的一阶滞后项的系数在1%的水平上显著为负，且系数的绝对值要比饥荒赈灾次数系数的绝对值大，说明当期的饥荒赈灾对当期的农民战争的作用没有前一期饥荒赈灾大，效果也没有前一期饥荒赈灾显著。在引入遗漏变量玉米、甘薯的交互项之后，米价指数的系数依然不显著，饥荒对数的系数变得稳健，至少在 10%的水平上显著为正。玉米和皇帝的交互项、甘薯和皇帝的交互项的系数都是在清代第七、第八位皇帝在位期间显著为正，其他皇帝系数为负且不显著，即咸丰帝和同治帝在位期间玉米和甘薯都起着促进农民战争的作用。玉米和王朝存在时间的交互项、甘薯和王朝存在时间的交互项系数得到的结论，都是在清前期能减少农民战争的发生，在清后期甚至加剧农民战争的发生。

最后，通过分析人口信息中的民族分布和宗教信仰发现，影响农民战争次数的关键因素并不是人口数量，而是民族分布。在满族聚居的省份，农民战争发生次数比较少，在少数民族构成复杂、满汉矛盾尖锐的省份，农民战争发生次数比较多。制度化宗教不是导致农民战争的根源，而普化宗教能促进农民战争的爆发。宗教信仰并非导致农民战争的根源，很可能只是被利用来发动农民起义的一种工具。而且农民战争确实存在一定的累积效应，即当前的农民战争会受到之前农民战争的影响；自然灾害虽然存在一定的滞后效应，但结果并不稳健。

7 研究结论与启示

本章将总结梳理本书的研究结论及得到的启示，分析本书研究的贡献与不足，并指出未来可进一步研究的方向。

7.1 主要研究结论

本书从历代农民起义频发这一现象为出发点，根据气候冲击说、人口压力说、王朝周期说提出本书研究的问题和验证的假说。本书第三章首先从理论上分析人口数量、粮食产量与饥荒和农民起义间的关系，并讨论在发生自然灾害和赈灾的情况下的动态均衡；第四至六章分别分析这些变量间的相关关系、传导关系和因果关系。

本书通过建立理论模型，分析人口数量和粮食产量对饥荒和农民起义的影响，并讨论在无赈灾和有赈灾情形下饥荒安全线和起义安全线的变化情况，其中有赈灾的情形又分为力度不大的赈灾和全力赈灾两种情况。结果发现，自然灾害能使安全区域变小，同时保证不发生饥荒和起义的极值条件变得更为严苛；赈灾的作用是非常明显的，力度不大的赈灾能缓解由起义和饥荒导致的人口损失，并缩短恢复稳定的时间，全力赈灾甚至能避免饥荒和起义。

本书使用统计分析的方法，对灾害、人口和起义的数据集进行详细的统计，并分析农民战争与气候冲击、人口、经济冲击的关联性。起义的数据集给出清代农民战争的空间分布、时间分布、涉及宗教会党情况、少数民族参与情况、持续时间、战争结果 6 个方面的信息，值得注意的是，宗教会党对农民战争结果有一定的作用，利用宗教会党发动的农民战争取得了更辉煌的战果，但少数民族参与并不能取得更辉煌的战果。自然灾害的数据集给出 3 类 13 种自然灾害以及饥荒的次数等数据，人口数据集则包含人口数量和人口增殖率两方面的数据。关联性分析所得到的结论是：农民战争的三个波峰，都不在赈灾总数的波峰范围内；饥荒频繁的阶段，往往也是农民战争较频繁的阶段，初步说明饥荒对农民战争的促进作用和赈灾的抑制作用。

本书构造了一个完整的基于气候冲击或人口压力的传递路径。图 5-1 中有箭头相连的两个框里的代理变量才具有直接的因果关系；没有箭头相连的代理变量有可能是间接的因果关系；此外，赈灾、玉米与甘薯并没有直接指向其他变量，这代表赈灾、玉米与甘薯只能加剧或减缓农民起义，而不是起义的诱因。从温度异常到农民起义的路径是气温异常→灾害频发→米价上涨→饥荒频发→发生起义，通过定量分析，发现基于气候冲击的具体传导路径，一共出现了 84 种情况，其中频数大于或等于 3 次的有 41 种情况，频数大于或等于 5 次的有 17 种情况，频数最高（16 次）的路径是冷期→低灾害低赈灾→低米价→低饥荒高赈灾→无战争。基于人口压力的具体传导路径，一共出现了 37 种情况，其中频数大于或等于 5 次的有 18 种情况，频数大于或等于 10 次的有 8 种情况，频数最高（31 次）的路径是低增殖率→低米价→低饥荒高赈灾→无战争。

本书使用计量模型定量分析自然灾害、人口、赈灾以及玉米、甘薯的作用。本书使用的基准模型是固定效应的负二项回归面板模型，在解决赈灾的内生性问题和遗漏变量的问题之后，得到以下结论：引入王朝存在时间的二次方项之后，其系数至少在 10%的水平上显著为正；选取饥荒赈灾次数的一阶滞后项作为工具变量之后，饥荒赈灾次数的系数在 10%的水平上显著为负，饥荒赈灾次数的一阶滞后项系数在 1%的水平上显著为负，而且系数的绝对值要比饥荒赈灾次数系数的绝对值大；在引入遗漏变量玉米、甘薯的交互项之后，米价指数的系数依然不显著，饥荒对数的系数变得稳健，至少在 10%的水平上显著为正。玉米和皇帝的交互项系数、甘薯和皇帝的交互项系数都是在清代第七、第八位皇帝显著为正，在其他皇帝系数为负且不显著。农民战争确实存在一定的累积效应，自然灾害虽然存在一定的滞后效应，但结果并不稳健。

7.2 得到的启示

本书虽然是针对清代中国的研究，当代中国继承了清代的大部分领土且行政区域也没有太大的改变，同时，自然灾害也较为频繁，面临着更为严峻人口问题，由以上结论，可得到以下四方面的启示。

第一，从温度异常到农民起义的路径是气温异常→灾害频发→米价上涨→饥荒频发→发生起义，也就是说，发生了气温过高或过低，传递到米价的响应，都是需要相当一段时间的，更不用说传递到起义；而且每传递到下一层，都伴随着概率的降低。所以可通过在传导路径间采取一定的措施来控制冲突，而且越到后面的层级可以人为控制的因素就越多。

第二，雍正帝在位的13年间只发生过1次农民战争，乾隆帝在位的60年也仅发生了5次农民战争，这两位皇帝在位期间是清代繁盛的阶段，说明国力强盛、经济繁荣的时期，即使遇到一些天灾，也不容易导致农民战争。国家尽力提升经济实力，将对抑制内乱起到重要的作用。

第三，饥荒是促进农民起义发生的主要因素。要注意防止饥荒大范围出现，而且由饥荒到起义需要相当的时间，出现饥荒可通过赈灾来减少起义的发生。所以赈灾是不能忽视的环节，而且高产作物玉米和甘薯减少清代农民起义的作用显著。虽然当代的农业生产能力较清代大大提高，但在一些极端气候环境的地区和经济发展相对落后地区，耐旱、高产作物的作用不应该被忽视。

第四，宗教能影响农民起义的结果，民族能影响农民起义发生的次数，可以认为宗教和民族是比人口数量更能影响农民起义的因素。清代在官僚设置方面优先满族，以致产生一些潜在的满汉矛盾。于是，适当的宗教政策和民族政策有利于维护社会稳定（不过这两方面超出了本书的研究范畴，故不展开论述）。

7.3 研究贡献、不足及展望

本书有三方面的研究贡献。首先，在确定农民起义传递路径时，把分析单元细化至每年，之前大多数研究的分析单元只能达到十年，但十年间自然系统、经济系统和社会系统都会发生一定的变化；其次，本书建立的理论模型作了动态的均衡分析，这是一个创新，而以往的研究往往只偏重于供给（气候冲击）和需求（人口压力）的静态分析；最后，通过实证检验，澄清了部分理论研究值得商榷的地方，例如米价过高被认为是导致农民起义的因素，但本书经研究发现米价指数的系数并不显著，而玉米和甘薯的系数却高度显著。

然而，本书还是留下了一些不足。第一，在数据获取方面，并没有找到新的史料和足够的数据，这使得一些更深入的结论没能发现，例如由于宗教的数据非常稀缺，宗教在农民战争中所起的作用无法进行计量检验，某单一年份的统计数据容易导致结论出现偏差。第二，吏治腐败可能也是导致农民起义的一个因素，基层官吏通过向百姓收取赋税之外的苛捐杂税，使得民众产生冤屈情绪，带有冤屈情绪的人达到一定数量后，可能会通过起义的手段维护自身的生存利益。但是苛捐杂税的收取在历史上鲜有记录，使得难以测度冤屈情绪的强度，随着越来越多的清代家书、日记的发掘，定量分析吏治腐败和农民起义的关系会变得可能。第三，气候冲击对农民起义作用具有偶然性，农民起义更深层次的原因，是清王朝对地方的控制力在减弱，需要从政治制度的角度对这个问题进行探讨。

当然，本书的不足之处都可以作为未来进一步研究的方向，在研究民族和宗教对农民起义的作用时，发现清代各省的满族人口比例是影响农民战争次数的关键因素，而宗教是影响农民战争结果的因素，但民族和宗教深层次反映的是文化冲突和民族政策。这些深层次的内容在本书中并没有讨论，但却是值得进一步挖掘和研究的问题。

参考文献

巴雷特，2010. 唐朝道教研究：中国历史上黄金时期的宗教与帝国［J］. 曾维加，译 . 宗教学研究（2）：28－33.

步德茂，2008. 过失杀人、市场与道德经济：18世纪中国财产权的暴力纠纷［M］. 张世明，刘亚丛，陈兆肆，译 . 北京：社会科学文献出版社：55－56，156－157.

陈强，2011. 中原王朝被征服的计量历史分析［J］. 制度经济学研究（2）：249－252.

陈强，2014. 气候冲击、王朝周期与游牧民族的征服［J］. 经济学：季刊，14（4）：373－394.

陈强，2014. 高级计量经济学及Stata应用［M］. 北京：高等教育出版社：213，300.

陈强，2015. 气候冲击、政府能力与中国北方农民起义（25—1911年）［J］. 经济学：季刊（4）：1347－1374.

陈永伟，黄英伟，周羿，2014. "哥伦布大交换"终结了"气候—治乱循环"吗：对玉米在中国引种和农民起义发生率的一项历史考察［J］. 经济学：季刊，13（2）：1215－1238.

陈志武，林展，彭凯翔，2014. 民间借贷中的暴力冲突：清代债务命案研究［J］. 经济研究（9）：162-175.

陈志武，彭凯翔，朱礼军，2014. 清代中国的量化评估：从命案发生率看社会变迁史［J］. 量化历史研究（1）：229-258.

曹树基，2000. 中国人口史　第四卷　明时期［M］. 上海：复旦大学出版社.

曹树基，2001. 中国人口史　第五卷　清时期［M］. 上海：复旦大学出版社.

杜映昕，钟笑寒，2011. 自然灾害与农民起义［R］. 北京：清华大学中国与世界经济研究中心研究报告，总43，09-01.

方修琦，苏筠，尹君，等，2015. 冷暖—丰歉—饥荒—农民起义：基于粮食安全的历史气候变化影响在中国社会系统中的传递［J］. 中国科学：地球科学，45（6）：831-842.

黄冠佳，温思美，2017. 君主素质、宗教约束与中国历代王朝农民起义［J］. 华南农业大学学报：社会科学版，16（4）：1-10.

雷鸣，俞炜华，柳春，2013. 中原王朝被征服的计量历史分析：质疑［J］. 制度经济学研究（1）：239-248.

李楠，甄茂生，2015. 分家析产、财富冲击与生育行为：基于清代至民国初期浙南乡村的实证分析［J］. 经济研究（2）：145-159.

李昕升，王思明，2016. 清代番薯在江西的引种和推广［J］. 中国农史（2）：39-48.

李志华，1997. 中国民族地理［M］. 上海：上海教育出版社.

梁若冰，2014. 气候冲击与晚清教案［J］. 经济学：季刊，13（4）：1557-1584.

梁若冰，2015. 清末新政、财政崩溃与辛亥革命［J］. 世界经济（6）：143-166.

刘峰，王庆峰，2006. 论清代玉米种植对救荒事业的影响［J］. 安徽农业科学，34（13）：3246-3247.

刘正山，2007. 土地兼并的历史检视［J］. 经济学：季刊，6（2）：675-706.

路遇，滕泽之，2015. 中国人口通史 [M]. 北京：中国社会科学出版社.
罗树杰，2014. 清代玉米、番薯在广西的传播差异原因新解：兼与郑维宽教授商榷 [J]. 广西民族大学学报：哲学社会科学版（5）：105-108.
马尔萨斯，2008. 人口论：在赞美与诋毁之间影响历史 [M]. 周进，译. 北京：北京出版社：3-10.
马寅初，1998. 新人口论 [M]. 广东：广东经济出版社：5，8，15-16.
闵丽，2003. 太平天国的宗教信仰与道教关系研究 [D]. 成都：四川大学：1-5.
倪根金，1988. 试论气候变迁对我国古代北方农业经济的影响 [J]. 农业考古（1）：292-299.
彭凯翔，2006. 清代以来的粮价：历史学的解释与再解释 [M]. 上海：上海人民出版社：67，168-175.
彭凯翔，2015. 历史视野下中国经济的长期变迁：近年中国经济史之计量研究综述 [J]. 经济研究（5）：178-191.
阮荣平，孙永生，2012. 社区宗教性与村民冲突：基于河南嵩县 40 村的调查分析 [J]. 中国人民公安大学学报：社会科学版，28（1）：142-150.
阮荣平，郑风田，刘力，2014. 宗教信仰与社会冲突：根源还是工具？[J]. 经济学：季刊，13（1）：793-816.
孙达人，1994. 王朝周期、农民战争和社会的财富积累 [J]. 文史哲（5）：60-68.
孙祚民，1956. 中国农民战争和宗教的关系 [J]. 历史研究（5）：75-87.
汤因比，1966. 历史研究 [M]. 曹未风，等，译. 上海：上海人民出版社：92-93.
夏明方，2020. 文明的“双相”：灾害与历史的缠绕 [M]. 广西：广西师范大学出版社.
萧公权，2014. 中国乡村：论 19 世纪的帝国控制 [M]. 张皓，张升，译.

台北：联经出版社：436－437.

萧凌波，2021. 气候、灾害与清代华北平原社会生态［M]. 北京：科学出版社：178－188.

王铮，张丕远，周清波，1996. 历史气候变化对中国社会发展的影响：兼论人地关系［J]. 地理学报（4）：329－339.

小林一美，叶昌纲，1986. 论清代宗教起义［J]. 山西大学学报：哲学社会科学版（3）：102－106.

许军，2010.《平妖传》二十回本是对元末宗教起义的历史反思：兼评四十回本相关改动的不足之处［J]. 明清小说研究（1）：233－243.

杨宽，1960. 论中国农民战争中革命思想的作用及其与宗教的关系［J]. 学术月刊（7）：37－45.

叶青超，1994. 黄河流域环境演变与水沙运行规律研究［M]. 山东：山东科学技术出版社.

佚名，2015. 你真的以为农民起义的领袖都是农民吗？［EB/OL]. （04－03）［2016－09－27]. http：//www.sohu.com/a/9328207_111230.

张波，冯风，张纶，等，1994. 中国农业自然灾害史料集［M]. 陕西：陕西科学技术出版社：145－222，303－334，359－375，409－428，444－447，464－470，475－476，512－521，532－535，538－540，543，561－568，571－573，646－684.

张祥稳，惠富平，2006. 清代中晚期山地种植玉米引发的水土流失及其遏止措施［J]. 中国农史，25（3）：13－16.

赵冈，刘永成，吴慧，等，1995. 清代粮食亩产量研究［M]. 北京：中国农业出版社：56，60，64.

赵红军，尹伯成，2011. 公元11世纪后的气候变冷对宋以后经济发展的动态影响［J]. 社会科学（12）：68－78.

赵红军，2012. 气候变化是否影响了我国过去两千年间的农业社会稳定?：

一个基于气候变化重建数据及经济发展历史数据的实证研究［J］. 经济学：季刊，11（2）：691-722.

赵文林，谢淑君，1988. 中国人口史［M］. 北京：人民出版社：377-384，388-389，附图 17，附图 18.

郑维宽，2009. 清代玉米和番薯在广西传播问题新探［J］. 广西民族大学学报：哲学社会科学版（6）：120-127.

中国军事史编写组，2006. 中国历代战争年表：下［M］. 北京：解放军出版社：53-69，376-377，473-479.

BAI Y，KUNG K S，2011. Climate Shocks and Sino-Nomadic Conflict［J］. *Review of Economics & Statistics*，93（3）：970-981.

BAI Y，KUNG K S，2015. Diffusing Knowledge While Spreading God's Message：Protestantism and Economic Prosperity in China，1840—1920［J］. *Journal of the European Economic Association*，13（4）：669-698.

BECKER S O，WOESSMANN L，2007. Was Weber Wrong？A Human Capital Theory of Protestant Economic History［J］. *Quarterly Journal of Economics*，124（1366）：531-596.

BESLEY T，PERSSON T，2010. State Capacity，Conflict，and Development［J］. *Econometrica*，78（1）：1-34.

BRÜCKNER M，2010. Population Size and Civil Conflict Risk：Is There a Causal Link？［J］. *Economic Journal*，120（544）：535-550.

BURKE M，HSIANG S M，MIGUEL E，2014. Climate and Conflict［R］. Nber Working Papers：20598.

CAMERON A C，TRIVEDI P K，2010. Microeconometrics Using Stata［M］. College Station：Stata Press：562-563.

CANTONI D，2015. The Economic Effects of the Protestant Reformation：Testing the Weber Hypothesis in the German Lands［J］. *Journal of the*

European Economic Association，13（4）：561-598.

CHEN Q，2015. Climate Shocks，State Capacity and Peasant Uprisings in North China During 25—1911 CE [J]. Economica，82（326）：295-318.

CHEN T，KAI-SING K I，MA C，2020. Long Live Keju! The Persistent Effects of China's Imperial Examination System [J]. *The Economic Journal*.

CHEN Y，WANG H，YAN S，2022. The Long-Term Effects of Protestant Activities in China [J]. *Journal of Comparative Economics*，50（2）：394-414.

FAN K W，2010. Climatic Change and Dynastic Cycles in Chinese History：A Review Essay [J]. *Climatic Change*，101（3-4）：565-573.

HUNTINGTON E，1912. The Fluctuating Climate of North America. Part Ⅰ. The Ruins of the Hohokam [J]. *Geographical Journal*，40（3）：264-280.

HUNTINGTON E，1912. The Fluctuating Climate of North America（Continued）[J]. *Geographical Journal*，40（4）：392-411.

HUNTINGTON E，1913. Changes of Climate and History [J]. *American Historical Review*，18（2）：213-232.

HUNTINGTON E，1917. Climatic Change and Agricultural Exhaustion as Elements in the Fall of Rome [J]. *Quarterly Journal of Economics*，31（2）：173-208.

HUNTINGTON E，1926. Civilization and Climate [J]. *American Journal of Public Health*，16（2）：172.

IYIGUN M，NUNN N，QIAN N，2017. Winter is Coming：The Long-run Effects of Agricultural Productivity on Conflict，1400-1900 [R]. Nber Working Papers：23033.

JIA R，2014. Weather Shocks，Sweet Potatoes and Peasant Revolts in Historical China [J]. *Economic Journal*, 124 (575): 92 - 118.

KENNEDY P, 1987. The Rise and Fall of the Great Powers: Economic Change and Military Conflict from 1500 to 2000 [M]. New York: Random House.

KUNG K S, MA C, 2014. Can Cultural Norms Reduce Conflicts? Confucianism and Peasant Rebellions in Qing China [J]. *Journal of Development Economics*, 111: 132 - 149.

LEE H F, ZHANG D D, QING P, et al, 2016. Downscaling and Disaggregating NAO - conflict Nexus in Pre - industrial Europe [J]. *Chinese Geographical Science*, 26 (5): 1 - 14.

MA D, 2013. State Capacity and Great Divergence, the Case of Qing China: 1644 - 1911 [J]. *Eurasian Geography & Economics*, 54 (5 - 6): 484 - 499.

MIGUEL E, SATYANATH S, SERGENTI E, 2004. Economic Shocks and Civil Conflict: An Instrumental Variables Approach [J]. *Journal of Political Economic*, 112: 206 - 210.

OLSON M, 1982. The Rise and Decline of Nations [M]. Connecticut: Yale University Press: 7 - 17.

SPENGLER O, 1926. Decline of the West [M]. London: Allen and Unwin.

ZHANG D, JIM C, LIN C, et al, 2005. Climate Change, War, Social Unrest and Dynastic Cycle in Ancient China [J]. *Chinese Science Bulletin*, 50 (2): 137 - 144.

ZHANG D D, ZHANG J, LEE H F, et al, 2007. Climate Change and War Frequency in Eastern China over the Last Millennium [J]. *Human Ecology*, 35 (4): 403 - 414.

后　记

不知不觉已经参加工作三年多，自己的身份也从学生变成了教师。每当看到自己的博士学位论文，感慨时光的匆匆。华南农业大学的几位老师，都是我的榜样，他们精益求精的学术品质，无论在学生生涯，还是日后的高校教学工作中，都一直影响着我，督促我精工细琢，力求写出更好的学术作品。学生时代留下了很多温暖的回忆，所幸的是，角色转换后，依然能从事经济史的研究，也有机会重新审视学生时代的成果。

这本专著是基于博士学位论文的内容而完善的。很长的一段时间中，我都在纠结是否将自己的博士学位论文出版。一方面，当年论文在外审和答辩的环节，都没有获得全优的成绩，文中谬误在所难免；但另一方面，冲突史是自己感兴趣的研究方向，博士学位论文是学生生涯最重要的一项成果，如能正式出版，则是最好的留念。

博士学位论文得以完成，乃至最终得以出版，有太多需要感谢的人。

郑晶副教授对我博士学位论文选题方向的确定有很大的帮助。她是比我高十届的同门师姐，也是我们师门中唯一一位获得过全国百篇优秀博士论文的人。我刚入师门时，她就建议我关注经济史，这个建议后来促成了我的选题方向。

导师温思美教授对我的博士学位论文得以成文，提供了精神和物质上的帮助。温老师鼓励我做自己感兴趣的研究，早期向我们推荐阅读的陈强教授关于农民战争的文章，引起了我深厚的研究兴趣。温老师鼓励我向《经济学（季刊）》投稿，并向学院为我争取到参加量化历史讲习班的学习机会。在论文写作、定稿和答辩前，温老师也给我提供了一些有帮助的指导和意见。

此外，要感谢《经济学（季刊）》匿名审稿人的宝贵意见，博士学位论文的计量章节虽然最终没能正式发表，但是提供的修改意见使学位论文更加完善了。感谢第五届量化历史讲习班的老师和学员，在我作口头汇报时，也提供了一些研究建议。

本书得以出版，要感谢广东海洋大学管理学院白福臣院长的支持，同时要感谢中国农业出版社的领导、编辑和审稿人。特别感谢责任编辑孙鸣凤老师的细心审阅，她提出了不少很有价值的修改意见，使得这本书的内容更加完善。

毕业后的三年间，量化历史也得到了发展，当前有越来越多的学者投身于量化历史的研究，也有不少优秀作品已经发表出来。随着研究队伍的扩大以及新历史资料的不断出版，量化历史的研究有了更厚实的基本条件，研究的主题也逐渐扩大。量化历史的研究，需要历史学、经济学、统计学的知识，历史资料是基础、统计方法是工具、经济学范式是研究模式，只有同时具备三个学科的知识，才能作出高质量的作品。

由于知识储备有限，而且使用的史料都是比较早出版的书籍；也由于有些数据缺失，只能通过统计学的方法置换缺失值，书中的结论存在偏差在所难免，我将在后续的研究中不断修正、完善，用新近出版的有代表性的历史资料数据更换以前的数据集，以使研究结论更加稳健、准确。

黄冠佳

2022年6月

图书在版编目（CIP）数据

气候冲击、人口压力与中国清代农民起义：1644—1911年 / 黄冠佳著．—北京：中国农业出版社，2022.8
（中国农史青年学者书系）
ISBN 978-7-109-29809-5

Ⅰ.①气…　Ⅱ.①黄…　Ⅲ.①农民起义—研究—中国—清代　Ⅳ.①K249.07

中国版本图书馆CIP数据核字（2022）第141204号

QIHOU CHONGJI RENKOU YALI YU ZHONGGUO QINGDAI NONGMIN QIYI（1644—1911 NIAN）

中国农业出版社出版
地址：北京市朝阳区麦子店街18号楼
邮编：100125
责任编辑：孙鸣凤
版式设计：杨　婧　　责任校对：沙凯霖
印刷：中农印务有限公司
版次：2022年8月第1版
印次：2022年8月北京第1次印刷
发行：新华书店北京发行所
开本：880mm×1230mm　1/32
印张：6.25
字数：200千字
定价：69.00元
